破卷突围

从价格战到价值战的实操战法

梁涛 / 著

清华大学出版社

北京

内容简介

当前，企业面临"产品同质化＋行业价格战"的双重压力，利润空间被极度压缩，市场秩序较为混乱。长此以往，不仅损害企业自身发展，更危及整个产业链的稳定。唯有跳出价格战泥潭，寻求差异化竞争，方能重塑市场格局，实现可持续发展。

这是一本为传统企业破解增长困局的实战指南。作者以自身从月薪 350 元到年营业收入过亿元的逆袭经历为基底，深度拆解制造业、零售业等传统行业突破同质化竞争的底层逻辑。

本书揭示了"高频刚需抗周期"的赛道筛选法则、"AI 设计＋柔性生产"的产品增值路径，以及"网红站长＋私域闭环"的流量破局模型。通过"信任复利模型""背靠背作战体系"等独创方法论，帮助企业跳出价格厮杀，构建以价值为核心的护城河。

无论是创始人 IP 打造、组织裂变策略，还是穿越周期的长期主义实践，书中均以实际案例解析操作细节，提供从认知破局到战略落地的全流程解决方案。本书适合身陷价格战泥潭、寻求转型突破的中小企业主及创业者阅读，是一部兼具商业洞见与实操价值的破局秘籍；同时也可作为全国高校经济管理类专业学生的教材。

图书在版编目（CIP）数据

破卷突围 ：从价格战到价值战的实操战法 / 梁涛著.
北京 ：清华大学出版社，2025. 11. -- ISBN 978-7-302-70335-8

Ⅰ. F713.50

中国国家版本馆CIP数据核字第2025ML8395号

责任编辑：张　敏
封面设计：郭二鹏
责任校对：胡伟民
责任印制：刘　菲

出版发行：清华大学出版社
　　　　网　　　　址：https://www.tup.com.cn，https://www.wqxuetang.com
　　　　地　　　　址：北京清华大学学研大厦A座　邮　　编：100084
　　　　社　总　机：010-83470000　　　　邮　购：010-62786544
　　　　投稿与读者服务：010-62776969，c-service@tup.tsinghua.edu.cn
　　　　质　量　反　馈：010-62772015，zhiliang@tup.tsinghua.edu.cn
　　　　课　件　下　载：https://www.tup.com.cn，010-83470236
印　装　者：三河市天利华印刷装订有限公司
经　　销：全国新华书店
开　　本：145mm×210mm　　印　张：8.5　　字　数：215千字
版　　次：2025年11月第1版　　印　次：2025年11月第1次印刷
定　　价：49.80元

产品编号：112629-01

　　说实话，市面上写商业内容的书不少，而像本书这样"接地气"的并不多。涛哥把自己多年操盘企业的实战经验全分享出来了，旨在帮助中小企业老板破卷突围。当你还在和同行打价格战、陷入同质化竞争泥潭时，书中的方法或许能帮你跳出这个怪圈。从重新定位目标客户，到设计独特的盈利模式，每个策略都有具体落地步骤。看这本书，就像在跟一个行业精英喝茶，他坐在你的对面，把复杂的商业逻辑娓娓道来，值得你一读。

超会 AI 创始人　黑墙

　　现在很多中小企业老板，一边焦虑行业内卷，一边又困在"不敢变"的怪圈里。涛哥这本书，就是帮你打破枷锁的"破冰斧"。书里没有故弄玄虚的商业术语，而是用通俗易懂的语言，结合大量案例，告诉你如何在危机中寻找转机。当同行还在死守老套路时，你能学会用创新思维开辟新赛道；当团队士气低落时，你能掌握激发员工潜能的管理秘籍。这本书就像一位随时在线的商业顾问，让你少走弯路，真正实现企业的突围与蜕变。

小鹭 AI 创始人　耿铭鸿

投资这么多年，见过太多夸夸其谈的创业者，像涛哥这样把每件小事都做成"护城河"的人实在太少了。本书与其说是商业指南，不如说是一位靠谱老友的经验复盘，无论你是创业小白还是传统老板，都能从中找到"把事干成"的答案。

洞见资本董事长　杜明堂

涛哥是我所见过的经营包装材料生意最为出色的老板之一。读完涛哥这本书，我很震撼。本书将向你展示更为卓越的策略——让顾客争先恐后地购买你的商品，同时还夸你会做生意！对还在价格战里打转的传统企业老板来说，这不是一本光鲜的成功学书籍，而是一位老友掏心窝子的实战指南。涛哥用自己的成长经历证明：传统行业突围不靠风口，靠把"创新"磨成锋利的刀，"扎进"客户真正的需求里。这本书里的每个字，如同他用十多年光阴酿制的酒，值得细品。

未来食餐饮战略咨询创始人　余奕宏

《破卷突围：从价格战到价值战的实操战法》是涛哥深耕商界十余年的实战结晶，专为中小企业破解价格战困境。全书以"认知破局—价值重构—流量裂变—组织进化"为方法论体系，剖析从传统制造到新消费品牌的转型路径。结合真实案例与可复用工具，系统解构商业底层逻辑，建议传统企业老板认真读一读，很多方法拿来即用，行之有效。

企业商业模式顾问　姜开成

为创业者指路的商业实战真经

十年前，互联网领域风起云涌，黄太吉凭借创新的商业模式一夜爆红，成为现象级 IP，我也因此站在了创业浪潮的风口。彼时，梁涛怀揣着对行业的热忱，托关系希望与我洽谈合作，为黄太吉提供包材服务。然而，命运的齿轮并未在此刻咬合，我们遗憾地错过了一次可能改变双方发展轨迹的合作机会。

时光荏苒，世事如棋。我历经商业浪潮的洗礼，创办黄太吉餐饮品牌，在巅峰时期获得 3.2 亿元融资，估值高达 25 亿元。经过 3 轮经济周期与资本寒冬，我在创业的崎岖山路上三起三落，每一次跌倒都伴随着刻骨铭心的教训，每一次爬起都凝聚着坚韧不拔的毅力。创业 15 年，我行走在绝路上的次数早已数不胜数，《毛泽东选集》成了我反复研读的精神指南，书中的思想智慧如同灯塔，在黑暗中为我指引方向。

直到 2023 年 9 月，我站在 43 岁的人生新起点，决定将自己过往的创业经验与《毛泽东选集》的智慧相结合，面向中国 10 万名创业者，分享创业之道，助力更多人在商业战场上披荆斩棘。恰在此时，命运让我们再次相遇，这一次，角色发生了转变，梁涛成了甲方，而我为他提供 IP 孵化服务，助力他在商业世界中打造更具影响力的个人品牌。

当梁涛向我透露想要撰写《破卷突围：从价格战到价值战的实操战法》这本书的意图时，我内心既感到惊喜又略带意外。在当今快节奏的时代，能静下心来梳理知识脉络、总结过往经验并非易事。这不仅需要深厚的专业知识，更需要敏锐的商业洞察力和对行业趋势的精准把握。然而，当我拿到样稿，翻开书页的瞬间，我深深为之震撼。书中的内容犹如璀璨星辰，闪耀着智慧的光芒，每一章都像一把钥匙，为创业者们开启了通往成功的大门。

从认知破局到组织裂变，从产品炼金术到流量闪电战，从创始人 IP 打造到穿越行业周期的长期主义，梁涛毫无保留地分享了自己在商业实战中摸爬滚打总结出的宝贵经验。这不仅是一本商业书籍，更是一份为创业者量身定制的实战指南，涵盖了从企业初创到发展壮大的各个关键阶段，可为在创业道路上探索前行的人们提供全方位的指引。

我回想起与梁涛相识相知的过程，感慨万千。十年前，我因黄太吉的火爆而备受瞩目，而梁涛在包材行业默默耕耘，虽未有交集，但我们都在各自的领域努力拼搏。十年后，命运让我们以全新的角色再次相遇，我为他提供 IP 孵化服务，见证了他在商业舞台上的华丽转身。如今，他将自己的创业心得凝聚成书，毫无保留地分享给更多的创业者，这种无私的精神令人钦佩。

梁涛的这本书，就像是一位经验丰富的导师，用生动的案例和深入浅出的分析，为创业者们答疑解惑。他不仅讲述了如何在激烈的市场竞争中找到自己的定位，还分享了如何通过创新的商业模式和高效的运营管理来实现企业的可持续发展。书中关于"认知破局：月薪 350 元到年营收入过亿元的逆袭公式"的阐述，让我深刻感受到认知升级对于创业者的重要性。梁涛用自己的经历告诉我们,只有打破固有的思维模式,才能在商业竞争中脱颖而出。

在"赛道掘金:传统制造业的隐形盈利逻辑"一章中,梁涛深入剖析了传统制造业的盈利密码,为那些在制造业深耕的企业主们提供了全新的视角。他指出,制造业的隐形利润往往隐藏在高频、刚需、抗周期的赛道中,通过精准的市场定位和高效的运营模式,企业可以在激烈的竞争中找到属于自己的蓝海。

而在"产品炼金术:传统行业里的厚利润革命"一章中,梁涛则详细介绍了如何通过定制化、AI 设计、柔性生产等创新手段,提升产品的附加值和竞争力。这些方法不仅适用于传统制造业,也为其他行业的企业提供了有益的借鉴。

更值得一提的是,梁涛在书中对创始人 IP 打造的深刻见解。在这个信息爆炸的时代,创始人 IP 已经成为企业竞争的重要资产。他用自己的实践经验和成功案例,向读者展示了如何通过打造个人品牌,提升企业的知名度和影响力,从而在市场中赢得更多的机会和资源。

本书是梁涛在商业战场上多年摸爬滚打的智慧结晶。它不仅是一本关于商业的书,更是一部充满人文关怀的作品。梁涛在书中传递的,不仅是商业知识和技能,更是一种积极向上的创业精神和对商业本质的深刻理解。

对于那些怀揣创业梦想、渴望在商业世界中取得成功的人来说,这本书无疑是一份珍贵的礼物。它将帮助你在创业的道路上少走弯路,更快地找到属于自己的方向。而对于那些已经在商业领域取得一定成就的企业家们来说,这本书也是一面镜子,可以帮助你们反思自己的经营策略,发现新的增长机会。

我坚信，本书将成为商业领域的经典之作，为无数创业者照亮前行的道路。而梁涛，也将继续以他的智慧和经验，影响和帮助更多的企业在商业的海洋中破浪前行。让我们一起在商业的征程中，不断探索、不断创新、不断超越，向着更高的目标奋进！

黄太吉创始人　赫畅

2025 年 6 月 3 日于北京

一位餐饮创业者的实战共鸣

我是小谷姐姐的创始人张可，从 IT 跨界至餐饮行业的这十年，像是在迷雾中摸着石头过河。还记得 2014 年在郑州开第一家麻辣烫店时，兜里揣着极有限的启动资金，心里只有一个念头：怎么让顾客愿意再来？从当年那个忙到脚不沾地的小店老板，到如今带着团队拓展至全国多个城市，一路上踩过的坑、蹚过的河，都成了刻在骨子里的创业认知。直到遇见涛哥，我们一见如故，听他讲述自己从负债到破局的经历，才发觉传统企业的破卷逻辑，原来都藏在那些看似朴素的商业本质里。

信任的"慢变量"积累

涛哥在书中反复强调的"复购是长期主义的第一性原理"，击中了所有零售人的痛点。餐饮行业尤其如此，一道菜好吃是基础，但让顾客放下筷子后还想着下次再来，靠的是藏在细节里的"信任复利"。

记得小谷姐姐刚创立时，为了在麻辣烫市场中脱颖而出，我们深入市场调研，借鉴老北京涮羊肉的灵感，反复打磨了整整二个月，推出创新产品麻酱麻辣拌。从原料品种、原料产地的筛选，到调配比例的反复测试，最终定下的"黄金麻酱配方"，这背后是上百次盲测的结果。但真正让这个产品成为招牌的，不是配方本身，而是我们在顾客看不见的地方下的功夫。比如，坚持选用传统工艺石磨慢磨的麻酱，为了保证顾客的口感和体验最佳，坚持每天手工现调麻酱，外卖单独盛装，用餐时保证麻酱现浇。这些事顾客未必能立刻察觉，但当他们发现每次吃的麻酱味道都一样香浓时，不知不觉中就建立了"靠谱"的认知。

这让我想起涛哥提到的"信任复利模型"，在餐饮场景里被具象化为一个个"超预期瞬间"。有一次接到顾客反馈，说外卖汤汁容易撒漏。我的第一反应不是参考现有竞品的操作，系塑料袋或者封保鲜膜，这些方式虽然解决了撒汤但是丢掉了体验。后来我们借鉴了奶茶封口的灵感，定制餐盒和封口机，既解决了撒汤问题，又保留了干净卫生的体验，拿开口器开箱的过程还增加了体验。这个改进只增加了少许成本，却让外卖好评率提升了不少，更重要的是，很多顾客在评论里提到："看得出品牌很用心。"

海底捞的"服务神话"背后，其实也是同样的逻辑。那些看似"过度"的服务细节，本质是在用超预期的体验积累信任资产。对餐饮人来说，复购从来不是靠营销话术推动的，而是无数个"把顾客的事当成自己的事"的瞬间，在时间里沉淀出的情感联结。

从"追逐曝光"到"创造价值"

翻开涛哥的书稿，最解渴的是对"流量闪电战"的拆解分析。餐饮行业的流量焦虑尤为突出，尤其是疫情那几年，看着线上订单占比飙升，不少同行跟风投流、做直播，却常常陷入"高曝光低转化"的陷阱。我们早期也走过弯路，花大价钱请网红探店，数据好看却带不来真客流，算下来获客成本高得吓人。

涛哥讲的"自然流量分层漏斗"让我们茅塞顿开。我们立即调整策略，让店长和督导伙伴们出镜直播"前厅和后厨日记"——没有专业团队运作，我们就用手机记录清晨备菜调汤、厨师用心烫煮每一份餐、打包员认真核对订单，生怕遗漏任何一个细节。这些带着烟火气的内容，反而在平台收获了很多关注，给小谷姐姐带来不少新的顾客和合作意向。

这种转变的本质，是从"流量思维"到"价值思维"的跃迁。就像喜茶用"灵感星球"构建品牌叙事一样，我们用真实场景传递"靠谱"价值。涛哥提到的"爆款内容工业化生产模型"，在餐饮行业可以简化为三个核心：拍痛点（如"等餐时间长"）、秀专业（如"食材溯源过程"）、给钩子（如"到店打卡送定制小礼品"）。当内容成为解决顾客疑虑的"信任货币"，流量才能真正转化为留量。

让员工从"执行者"到"经营者"

餐饮行业的团队管理，是比供应链管理更复杂的课题。小谷姐姐从几人团队发展到如今的规模，最困难的不是招不到人，而是如何让员工从"打工心态"转向"创业心态"。"95后"员工更看重什么？不是简单的薪资数字，而是能不能在工作中感受到成长价值，能不能拥有在企业中"说了算"的参与感。

涛哥书中的"背靠背作战体系"给了我们破局灵感。2023年是小谷姐姐的拓展元年，目的是寻求新的增长曲线，把管理权下放，给兄弟姐妹们多一些自我发展的机会。比如我们的螺蛳粉项目，就是观察到疫情后市场的品类红利期，把握住了机会前期快速发展，市场红利期过后，又优化项目模型，聚焦战略城市，在新市场中摸索寻找新的机会。目前的数据呈现非常理想，这种主动性在传统的管理模式下是难以想象的。

这让我想起蜜雪冰城的"区域加盟模式"——总部提供供应链支持，加盟商自主运营。涛哥讲的"利他分权机制"，核心是打破传统科层制的桎梏，把员工从"被管理对象"转化为"价值共创者"。

回到"人"的需求原点

作为每天在一线"战斗"的创业者，读涛哥的书最大的感受是"真实"。他没有用晦涩的理论包装，而是用"在烟盒背面算数学题""带着团队蹲点批发市场数编织袋"这样的细节，勾勒出传统企业破局的真实路径。比如他讲的"赛道筛选三要素"——高频、刚需、抗周期，落在餐饮行业就是：一碗麻辣烫，能成为上班族的日常选择，能在经济波动中保持稳定消费，这就是最朴素的赛道逻辑。

书中提到的"产品炼金术"也让我深有共鸣。餐饮行业的"产品创新"从来不是颠覆式革命，而是对用户需求的持续深挖。小谷姐姐外卖高速发展期推出口感浓郁而且自带外卖属性的"麻辣拌"，这两年餐饮回归堂食，又推出锅气满满的"铁板香锅"，都是基于对消费场景的细分洞察。涛哥讲的"定制化三板斧"——AI 设计、柔性生产、前店后仓，在餐饮供应链中可以转化为"小批量定制餐盒""中央厨房透明化"等实操方案。

写给同行的肺腑之言

餐饮也好，制造也罢，传统企业的破卷从来不是靠追逐风口，而是回到"人"的本质需求：顾客需要的是靠谱的产品与服务，员工渴望的是有成长的事业平台，而企业需要的是穿越周期的底层能力。

涛哥在书中说："所有的破卷突围，都始于对小需求的大敬畏。"这句话道破了商业的真谛。小谷姐姐能走到今天，靠的不是什么宏大的企业战略，而是把产品口味、不断的差异化、细节满满的用户体验等这些"小事"做到极致。这些事看似琐碎，却是构筑品牌护城河的基石。

如果你也是在传统行业里摸爬滚打的创业者，或许能在这本书里找到似曾相识的场景，能找到那些让你夜不能寐的难题的破局思路。涛哥用十几年实战走出来的路，或许不能让你瞬间蜕变，但一定能让你在迷茫时找到"把事做对"的方向——毕竟，商业的答案，从来不在别处，就在那些"用心做好一件事"的坚持里。

小谷姐姐麻辣烫创始人　张可

2025 年 6 月 3 日于天津

破局者的商业启示录

我是比尔盖南，从广州番禺街头摆娃娃机起步，在创业之路上摸爬滚打了二十余年，最后在餐饮行业实现了破局，仅仅四五年时间，成为拥有千万粉丝的博主，如今又创立了一家餐饮调味品公司。结识涛哥，缘于黄太吉创始人赫畅组织的《毛泽东选集》学习课。记得初次见面，他在课堂上专注记录的模样与对商业本质的犀利洞察，让我不禁感叹：这是个能在混沌中厘清底层逻辑的厉害角色。尤其是他常挂在嘴边的"经营品牌就是经营人心"，看似朴素，却道破了传统企业生存的核心命题。

品牌的灵魂

涛哥在书中反复强调："品牌不是 Logo 贴纸，是用户心里的一杆秤。"这让我想起自己做短视频账号"九死一生"的经历。2020年前后，我连续尝试乡村美食、萌娃日常等 8 种视频账号定位，投入不菲却颗粒无收。直到第 9 个账号，我才回归老本行 —— 用手机实拍上门推销游戏机的真实场景：被店家皱眉拒绝时的局促、掏出样品演示时的专注、成交后复盘话术的认真。这些没有脚本、没有美颜的"失败实录"，反而收获百万播放量，评论区均是"看到自己创业影子"的留言。

这件事让我深刻理解：用户愿意关注一个品牌，不是因为它完美无缺，而是能从细节中感知到"真实的用心"。就像我们做餐饮培训时，疫情期间把线下课转为短视频教学，镜头里没有精致布景，只有师傅凌晨三点调试酱料的背影、学员初次做出合格产品时沾着面粉的笑脸。这些"不完美"的真实画面，反而让课程转化率提升数倍——因为创业者在其中看到了"可复制的真诚"。

跳出"舒适区"的生存法则

涛哥书中的"不要在一条河里淹死"，简直是为传统企业量身定制的警示钟。我自己就经历过两次关键转型：第一次是游戏机生意遇冷时，顶着压力进入短视频赛道，前 8 个账号接连失败，直到第 9 个账号才摸索出"真实场景＋实用干货"的流量密码；第二次是做调料品牌时，摒弃传统经销商模式，通过短视频教用户"用一款酱料做出 5 种爆款菜式"，把产品变成"餐饮小白的创业工具包"，短短一年触达数千家门店。

这也让我想起老乡鸡的转型路径：当同行还在比拼门店装修时，它把中央厨房搬到镜头前，用"透明化熬汤"的短视频打破消费者对快餐"不卫生"的认知，同时把"土鸡汤"做成爆款单品。传统企业最大的风险，从来不是竞争激烈，而是困在"我只能这么做"的惯性里。就像我把线下培训课搬到线上时，意外发现全国数十万潜在创业者的需求——有时候，破局的钥匙就藏在主业边界外的"不相关尝试"中。

真诚比套路更有力量

作为从"账号废墟"里爬出来的内容创作者，我对涛哥讲的"流量心法"（下钩子、玩内容、给干货）深有体会。对粉丝来说，有优质内容才会观看内容，有干货才会关注你。原因很简单：用户不是来看表演的，是来学真本事的。

很多企业的短视频误区，一开场就是"百年工艺""明星代言"，却从不讲"能帮助用户解决什么问题"，当然就很难抓住用户的心。其实，短视频的魅力在于用最朴实的语言，展示最实用的技巧，让用户感受到切实的帮助。就像我们分享的"五分钟快手菜"，简单易学，却能让人在忙碌中也能享受美食的乐趣。这种真诚的分享，远比华丽的包装更能赢得信任和关注。这种"把行业经验翻译成用户能动手做的步骤"的思路，就是涛哥说的"降维输出"——把专业知识变成"实用工具"，流量自然会找上门。

先做"小事"，再谈"突围"

这些年拍摄短视频的过程中，我们走访了几百家传统门店，发现老板们最常犯的错误有两个：一是在低价竞争里杀红了眼；二是在转型时贪大求全。2024年有个面馆老板找到我，跟我说："我用28种香料熬汤，成本比同行高，但生意就是不如人家。南哥一定帮我看看是什么问题。"

后来，我带着团队伙伴去店里蹲点后发现，问题出在"用户不知道你的汤好在哪"——菜单上只有"招牌牛肉面25元"，却没告诉顾客"汤头慢熬8小时"的价值。后来我们帮他做了两件小事：在碗边贴"食材溯源小卡片"，用手机拍厨师凌晨吊汤的10秒短视频发抖音。不到一个月，回头客明显增多。

涛哥这本书最有价值的地方，就是把这些"能落地的小事"拆成了可操作的步骤。比如讲团队管理，他不说"股权激励"这种大词，而是建议"给店长试错基金，让他们自己决定改进哪些服务细节"；讲产品创新，他不鼓吹"颠覆式研发"，而是教你"把用户差评打印出来，逐条分析改进"。这些方法看似不起眼，却能让中小企业老板在不颠覆现有业务的前提下，慢慢撕开破局的口子。

商业的本质，是"慢慢来"的智慧

涛哥在书中写："所有破卷突围，都始于对小需求的大敬畏。"这句话让我想起创立调料品牌的初心：一位粉丝私信说"想开店但怕买到劣质酱料"，我们就从零开始研发标准化产品，从选料到灌装全程拍摄视频发给她看，后来她成了我们的第一批代理商。现在这款酱料走进千家门店，靠的不是营销广告，而是"让创业者少踩一个坑"的朴素承诺。

如果你也是传统行业的"爬坡者"，正在为流量、团队、转型而焦虑，不妨读一读这本书。涛哥用十几年实战积累的经验，或许不能让你瞬间翻盘，但能让你明白一个简单道理：破局不是找捷径，而是把用户的每个小需求当大事对待、把团队的每个小创意当机会培养、把每次小尝试当种子播种。就像我当年摆娃娃机时想不到今天会做短视频，传统企业的未来，往往藏在你现在愿意认真对待的每个"小选择"里。

聚鲸供应链创始人　比尔盖南

2025 年 5 月 29 日于成都

破卷突围：商业破局之道，从价值战到认知跃迁

　　转瞬间我已在商海沉浮十余载，创业路上既有暗夜独行的孤寂，也有破晓时分的狂喜。作为一个习惯将实战经验沉淀为方法论的创业者，我的经营心得不仅助力了身边伙伴，更在服务客户过程中得到验证。直到 2024 年年底的一天，我和公司商业模式顾问姜开成老师一起吃饭，他一语点醒："这些破局之道，值得让更多困在增长瓶颈里的企业主听到。"正是这番话，催生了这本书的创作初心——希望能成为照亮同行者破卷突围的一盏灯。在这之后，我便全身心地投入到这本书的创作之中，翻阅大量资料，梳理过往案例，力求将最实用、最具价值的商业破局智慧融入其中。经过数月的精心雕琢，每一个字句都倾注了我对商业本质的深刻理解与对企业发展的殷切期望，如今这本书终于得以呈现在您的面前。

　　在商业这片浩瀚无垠、风云诡谲的汪洋之上，每一家企业都宛如一艘奋力前行的航船，掌舵者们日夜瞭望，期盼能觅得那条引领企业冲破重重迷雾、稳稳抵达成功彼岸的清晰航线。而此刻呈现在您手中的这本《破卷突围：从价格战到价值战的实操战法》，正恰似一座熠熠生辉、永不熄灭的灯塔，毅然伫立在竞争的汹涌波涛之中，毫无保留地为企业照亮前行的方向，层层拨开表象的

迷雾,深刻揭示出从惨烈的价格缠斗艰难迈向充满希望的价值新阶的商业真谛。

商业战场,从来都是一部波澜壮阔、跌宕起伏的宏大史诗。无数怀揣着炽热梦想与万丈雄心的企业,意气风发地登上这片舞台,渴望一展宏图霸业。然而,现实的竞争却残酷得超乎想象,众多企业在这片战场上历经无数艰难险阻,最终却只能无奈地折戟沉沙。价格战,这场看似简单直接,实则暗藏凶险、危机四伏的博弈,就像一个永远填不满的无底洞,无情地消耗着企业大量的人力、物力与财力,吞噬着企业宝贵的时间与精力。深陷其中的企业,往往在激烈的价格厮杀中精疲力竭,却依旧难以换来真正意义上的成长与突破。它更如一个巨大而恐怖的漩涡,以强大而不可抗拒的吸力,将企业无情地卷入其中,使其越陷越深,难以自拔。在这片红海之中,企业渐渐迷失了最初的方向,在价格的漩涡中苦苦挣扎,最终无奈地消失在商业历史的长河之中。

但请坚信,破局之道并非遥不可及,它其实就隐匿在我们对认知的深度洞察与对商业本质持之以恒的不懈追求之中。当企业能够实现认知维度的飞跃,如同破茧成蝶般挣脱旧有思维的束缚,便能够果断地挣脱价格战那沉重的枷锁,以全新的姿态在价值战的广阔天空中振翅高飞。此时的企业,已然拥有了俯瞰市场的全新视角,能够敏锐地捕捉到那些长期被忽视的商业珍宝,开启一段全新的辉煌征程。

回顾过往,我们见证了太多行业的兴衰更替、潮起潮落。那些曾经在市场上辉煌一时、风光无限的企业,仅仅因为深陷价格战的泥沼而无法自拔,逐渐丧失了创新的动力与对品质的坚守。在一味追求低价的道路上渐行渐远,最终被时代的滚滚浪潮无情吞没,只留下一段令人唏嘘不已的商业往事。而与之形成鲜明对比的是，那些能够成功穿越经济周期、历经岁月洗礼而越发熠熠生辉的企业，无一不是凭借着对认知的持续突破与对价值战的精准布局。它们以敏锐的洞察力、果敢的决策力与坚韧的执行力，在复杂多变的商业环境中稳健前行，在商业的历史长河中留下了一个个坚实而深刻的足迹，成为后来者学习与敬仰的楷模。

本书正是基于这样复杂而深刻的时代背景精心创作而成的。书中以大量真实且生动的实战案例为基石，每一个案例都饱含着企业的奋斗与智慧，凝聚着成功的经验与失败的教训；以鞭辟入里、深入透彻的分析为利刃，精准剖析商业破局的核心要素，层层揭开商业成功的神秘面纱。本书旨在为企业精心呈现一套行之有效、切实可行的突围策略，助力企业在迷茫中找到前行的方向，在困境中实现华丽转身。它将全方位助力企业重塑认知体系，从一个全新的、更具前瞻性与洞察力的视角重新审视市场机遇与挑战。帮助企业精准定位自身优势，挖掘细分赛道的无限潜能，构建起坚不可摧、高耸入云的价值壁垒，在激烈的市场竞争中脱颖而出，屹立不倒。

在商业这场错综复杂、瞬息万变的棋局之中，每一步决策都举足轻重，关乎企业的生死存亡。认知的深度，如同企业前行道路上的基石，决定了企业能够在这条道路上走多远；而价值的高度，则宛如企业腾飞的翅膀，决定了企业能够在商业的天空中飞多高。本书将带您领略商业世界的无限风光，从认知破局的起点出发，开启这段充满挑战与机遇的旅程：深入探索逆袭公式的奥秘，领悟其中蕴含的智慧与力量；学习行业选择的智慧，在众多行业中精准挑选出最具潜力与发展前景的赛道；掌握在传统行业中挖掘隐形盈利逻辑的技巧，在看似平凡的领域中发现不平凡的商机；体验在价值炼金术中实现产品升级与品牌蜕变的奇妙过程,让产品与品牌焕发出全新的魅力;学习在流量闪电战中精准捕捉目标客户的策略,迅速吸引目标客户的目光,实现业务的快速增长。这些内容绝非空洞乏味的理论说教,而是经过市场残酷验证的实战经验,是在商业浪潮中奋勇拼搏并用无数的汗水与心血凝结而成的宝贵结晶。

此外,书中还深入涵盖了组织裂变术的精髓,分享如何培养超级合伙人,打造一支团结一心、能征善战的卓越团队,为企业的发展注入源源不断的动力;讲述创始人的 IP 打造之道,让您在商业舞台上充分绽放个人魅力,成为行业瞩目的焦点,为企业树立起独特而鲜明的形象;强调长期主义的坚守,让您在穿越行业周期的漫长征途中,始终保持清晰的战略定力,不被短期的利益所诱惑,不被一时的困难所击退,实现企业的持续稳定增长。

当您翻开这本书,仿佛能听到那些成功企业家和绿橙穿越时空的隧道,在您耳边深情低语,毫无保留地分享他们一路走来的经验与智慧。他们的故事如同夜空中闪烁的繁星,照亮了我们前行的道路,并清晰地告诉我们:商业的成功绝非偶然,而是对认知、价值、流量、组织、个人品牌和长期战略等多方面要素深刻理解与巧妙运用的必然结果。它需要我们在实践中不断摸索、不断总结、不断创新,才能在激烈的市场竞争中立于不败之地。

在这段充满挑战与机遇、荆棘与鲜花并存的商业旅程中,衷心祝愿本书成为您最忠实可靠、值得信赖的伙伴,始终陪伴在您左右,与您并肩作战,破卷突围,在价值战的广阔天地中,助力您自由翱翔,充分施展才华,书写属于您的商业传奇。此刻,让我们一同满怀期待地翻开这本书的篇章,正式开启一场通往商业巅峰的奇妙探险。在这里,每一页内容都可能隐藏着改变企业命运的关键密码，每一个观点都可能为您的商业决策带来全新的灵感与启示。

　　未来已来，属于您的商业传奇正等待着被书写。愿本书成为您手中那支神奇的生花妙笔，助力您在商业的画卷上尽情挥洒，绘就最绚丽多彩、令人惊叹的篇章。让我们携手共进，在商业的浪潮中勇立潮头，创造出属于我们的辉煌未来！

梁　涛

2025 年 6 月 8 日于石家庄绿橙总部

目 录

绪　论

在红海里凿出新蓝海

创业接连失败打击及突如其来的债务，曾让我在寒夜里彻夜难眠。泛黄的墙壁斑驳脱落，桌上摆着老丈人递来的大客车售票员录用通知书，月薪 1500 元。我颤抖着在烟盒背面反复计算：按这个薪资，还清债务需要 86 个月，而如果选择再创业，或许几个月就能扭转局面。这个用烟盒纸撕开的认知裂缝，成了我命运的转折点——从一名 KTV 保安到年营收过亿的包材行业领军者，这段跌宕起伏的逆袭之路，正是本书最原始的创作动机。

站在当下回望，传统企业面临的困局与当年的我何其相似。电商冲击、成本攀升、同质化竞争如同三把枷锁，价格战更像无底漩涡，吞噬利润却换不来增长；转型焦虑像悬顶之剑，想突破却找不到抓手。但商业的本质从未改变：不是在拥挤的赛道里拼刺刀，而是在被忽视的细节里挖金矿。记得在行业集体追逐大客户万件订单时，我们另辟蹊径聚焦中小商户 2000 件的定制需求。当同行嘲笑这是"捡芝麻"时，我们用"蚂蚁雄兵"策略将零散订单聚沙成塔，三年间市场占有率反超行业龙头。这印证了书中的核心逻辑：价值战的密码，藏在对"小需求"的大敬畏里。

正是这种"小而美"的战略，让我们在激烈的市场竞争中站稳了脚跟，实现了从困境中逆袭的华丽转身。在红海中，我们如潜水者般深潜，探寻每一处细微的蓝光。那些看似微不足道的改进，汇聚成强大的市场引力，吸引着越来越多的忠实客户。我们深知，真正的创新不在于颠覆，而在于对细节的极致雕琢。正是这份执着，让我们在红海的波涛中，开辟出一片宁静而广阔的蓝海天地。

这本书绝非商学院的理论推演，而是作者 15 年实战经验的结晶。在同行沉迷标准化生产时，我们率先研发 AI 设计系统，把包装定制周期从 7 天压缩到 36 小时，直接撬动餐饮连锁企业的供应链订单；当短视频刚兴起，众人视其为娱乐工具时，我们率先孵化出数几十位网红站长，用"工厂实拍 + 场景化演示 + 个人 IP"的内容矩阵，将冷冰冰的包材生意变成充满温度的信任经济。这些经过市场验证的方法，被系统拆解为认知破局、赛道掘金、产品炼金术、流量闪电战等八章，每一章都藏着可复制的实战公式，比如计算赛道潜力的"三维评估表"，设计爆款产品的"痛点放大镜"模型。

特别想对中小企业老板说：别被"规模崇拜"迷惑。我们曾用 1.5 万平方米的柔性生产线，同时服务 80 万家中小客户，通过动态排产系统实现 72 小时交付。疫情期间，依赖大客户的同行订单暴跌 40%，我们却因分散的客户结构逆势增长。也不要迷信"爆品神话"，某烘焙品牌使用我们设计的防漏餐盒，单月复购率大大提升，靠的不是惊天创意，而是将客户抱怨"汤洒了"的痛点，转化为几十次结构改良、百余次密封性测试的极致打磨。商业成功的真相从来都很朴素：当你把每个小订单都当成品牌战略，当你把员工变成"小老板"，当你把创始人 IP 变成信任货币，破卷突围自然水到渠成。

　　书里的每个案例都带着车间油渍和谈判桌的烟火气。记得 2018 年夏天，为攻克某奶茶品牌的防漏包装难题，团队连续 72 小时驻扎印刷厂，在 40℃的高温车间里反复调试模切参数；也记得有位设计师因客户否定第 23 版设计方案当场落泪，但正是通过这些失败的复盘笔记，最终提炼出"需求三角验证法"。疫情期间，我们凭借"72 小时交付体系"保住了 85% 的订单，这套体系背后，是供应链团队改造生产线、建立应急仓库的艰辛付出。这些不是成功学鸡汤，而是把踩过的坑变成路标——比如用"双人双正"沟通模型让团队执行力大大提升，用"战略三角模型"避开 90% 的转型陷阱。

　　如果此时你正困在价格战泥潭中，不妨翻开本书第一章，那里有从月薪 350 元到年营收过亿的逆袭公式；若想重构产品价值，第三章则会通过多个真实案例，告诉你为什么卖塑料袋比开健身房更赚钱；若为流量焦虑，第四章将拆解 2500 元撬动 10 倍投产的实操细节，包括内容脚本模板、投放节奏把控等干货。

　　商业没有终南捷径，但一定有破局之法。本书的所有内容，都始于那个烟盒背面的数学题，终于一个坚信不疑的信念：在红海里凿出蓝海的，从来不是随波逐流的人，而是敢于把"笨功夫"用在长期目标的执着者。愿你我都能成为后者，在这场价值突围战中，书写属于自己的商业传奇。

第1章

认知破局：从月薪350元到年营收过亿元的逆袭公式

1.1　从一无所有到财富自由的蜕变

历经十余载的创业生涯，让我深刻意识到：创业最大的挑战，不是资金短缺，更不是产品滞销，而是保持积极乐观的心态应对无穷无尽的未知。

有些事情，过去了很久，依然记忆犹新。当年 13 万元债务像座大山压来时，我内心惆怅不已，到底该怎么办？思来想去，留给我的只有两条路：一是老老实实打工还债；二是创业搏一把。

于是，我拿出烟盒，把里面的纸撕开，在背面算一道数学题：打工还债需 86 个月，创业可能 18 个月破局。这个简单的算法撕开了商业世界的残酷真相——穷人突围靠的不是汗水，而是认知维度。我最终选择了创业之路。

现在，请你清空对"传统行业"的偏见。接下来，我将用商业现实告诉你：逆袭者的武器，永远是看穿事物底层的真相。

1.1.1　13万元债务的认知革命

我依稀记得，2009年深冬的张家口，寒风裹挟着碎雪砸向我那破旧的玻璃窗。我蜷缩在没有暖气的出租屋里，面前铺着几张皱巴巴的欠条。土建工程失败造成的13万元债务，这对当时月收入不足3000元的我而言，需要不吃不喝工作43个多月，这让我坐立不定，寝食难安。

突然，老丈人雪中送炭介绍了一份大客车售票员工作，月薪1500元。这看似体面的工作却让我浑身发冷：按这个速度还债需要86个多月，其间不能生病、不能失业、不能有任何意外。更可怕的是，这意味着我将被钉死在"用时间换生存"的打工逻辑里，永远无法突破阶层壁垒。我一天也不想当每天做单调工作的打工仔了，我要当老板。

这时，有个可怕的传统认知陷阱：多数人陷入债务危机时，第一反应是寻求稳定工作。但用线性增长对抗指数膨胀的债务，本质是场必输的游戏。我掏出计算器，在烟盒纸背面写下两组数据：

第一组，打工还债：

1500元/月×86个月＝129000元（实际需7.2年）

第二组，创业突围：

假设月利润5000元，26个月清偿债务（实际18个月完成）

两组简单的数据对比，彻底粉碎了我曾经"勤劳致富"的想法。我深刻意识到：时间不是生产资料，而是认知变现的容器。我开始从我最熟悉的包材行业研究市场需求。经过一番研究，我发现这个我曾经并不看好的包材市场拥有巨大潜力。

那该怎么干呢？起步的时候，没钱建厂，我就找熟人与当地工厂合作，我负责销售以此赚取差价，这样既能解决创业资本，又有很好的现金流。

紧接着，我从批发市场到街头小贩，逐一拜访，获取第一手客户资料然后打电话销售，并记录每一笔交易数据。为了快速还债，我利用"蚂蚁雄兵算法"，设计出既可以不打价格战还能增加附加值的销售策略，逐步积累客户。三个月后，月利润居然突破了 5000元，债务开始慢慢减少。

一心想着还债，每一个深夜，我都对着日记本复盘，不断修正策略，我坚信自己能打破命运的枷锁。随着客户基础的扩大，我开始建立了小作坊，有了属于自己的事业，并进一步优化供应链，降低成本，提升产品附加值。半年后，月利润翻倍，债务清偿速度远超预期。

要想彻底改变命运，这绝不可能只是一个想法，也不是金钱维度的数字游戏，而是对自己传统思维的颠覆。每一次策略调整，都是对市场规律的深刻洞察。最终，在 18 个月内，我不仅还清了债务，还积累了第一桶金，奠定了包装事业发展的基石。认知的升级，让我从负债累累的困境中逆袭，迈向更广阔的商业舞台。

如今回头看，假如当初我选择去当一名售票员，我可能一辈子也无法拥有自己的事业，更无法实现商业梦想。我就是因为颠覆了传统认知，坚定走向创业之路，才让命运的齿轮发生逆转，拥有了现在的生活。

1.1.2　行业赛道的元认知重构

2011 年，我决定投身包材行业时，收到的不是亲朋好友的祝福而是清一色的质疑。做钢材贸易的大哥拍着我的肩膀说："你这是从写字楼往菜市场跳啊，包材行业跟收废品似的，利润薄得能透光。"连我自己在网吧当主管时，也一度觉得包材行业不过是"印着 Logo 的苦力活"，直到某天我核对耗材账单，发现每月采购的食品袋、鼠标垫套等竟占了网吧成本的 1/5 以上，这个数字像根细针扎破了我们固有认知，让我第一次认真审视这个"低端行业"。

1. 偏见是最大的认知盲区

当时整个包材行业都弥漫着一种集体傲慢：同行们盯着像沃尔玛、永辉这样的大客户，把"1 万件起订"的行规奉为铁律，认为做小订单是"捡芝麻"。在菜市场里的观察让我察觉到：每个菜摊子每天要用掉上百个塑料袋，奶茶店每月换着花样印杯套，这些细碎需求像散落的珍珠，等着串成项链。

我开始用笨办法做市场调研：每天蹲在北京新发地批发市场数货车上的快递袋，在淘宝网后台看"无纺布袋"搜索量的上涨曲线。慢慢发现传统工厂有三条行规：进行标准化生产，80% 以上的产品都是大路货；交货周期长，动辄十天半个月，无法接急单；最低 5000 件的起订量，把 90% 的中小商户挡在门外。这些所谓行规，实则是把金矿拱手让人的枷锁。

2. 用"反偏见三棱镜"重新审视行业

第一，打破"数据迷信"。当同行们盯着统计局的宏观数据感慨行业天花板时，我带着团队蹲点快递站，发现北京每天发出的快递袋至少有千万个，其中七成都带着商家的 Logo——这不是简单的包装，而是流动的广告牌。

第二，突破"需求错位"。中小商户想要 2000 个起订的小批量定制，并 3 天内到货的加急服务。这些在大厂眼里的"麻烦需求"，正是小厂的机会窗口。

第三，洞察最关键。好包装能让产品溢价 30% 以上，奶茶店的定制杯套能成为社交货币，烘焙店的礼盒包装能提升复购率。包装早已不是成本项，而是品牌竞争力的延伸。

记得我第一次带着"2000 件起订 + 72 小时交付"的方案拜访客户时，某连锁便利店采购经理撇着嘴说："你们能比大厂快？"我们没争辩，直接拉着他参观临时搭建的小生产线 ——多台印刷机 24 小时轮转，设计师在计算机前实时调整稿件，3 天后他收到首批样品时，盯着包装袋上的四色 Logo 说："没想到小厂有如此优势。"

因此，企业老板不要被行业的旧观念所禁锢，要敢于突破条条框框，才能实现破卷突围。

3. 小订单里藏着大生意

现在各个行业最大的错觉，是认为"规模等于实力"。我们包装这个行业也不例外，当大厂忙着扩建万吨级生产线时，我们把大订单拆成小订单，用"蚂蚁雄兵"策略聚沙成塔。12 个月里我跑烂了 3 双皮鞋，磨破了 20 多本笔记本，终于攒下了 3600 家中小客户，日均订单量从零星几单涨到 200 多单。最难忘的是一家新开的烘焙店，老板拿着我们印着烫金 Logo 的包装袋说："就凭这个袋子，我的蛋糕每盒能多卖 3 块钱。"

回头看，那些曾被轻视的"低端"生意，恰恰藏着最稳固的现金流。中小商户高频次的复购，让我们的客户生命周期价值（LTV）比大客户高出 3 倍，抗风险能力在疫情期间得到了验证——2020 年餐饮行业集体停摆，我们的订单量却因外卖包装需求逆势增长 15%。

经历这些后，我逐渐明白：商业世界最残酷的不是红海竞争，而是戴着偏见滤镜看市场的决策者，他们看不见的小需求，正是破局的关键。

4. 偏见崩塌时，"黄金"正在流淌

曾经有一家规模较大的餐饮企业，我们团队辛苦设计了几套方案，却被老板以"包装无关品牌"的成见拒绝了，后来看着竞争对手靠包装设计提升了终端溢价，才意识到问题所在。这让我想起了 2018 年动画电影《哪吒之魔童降世》中申公豹的那句台词：人心中的成见是一座大山，任你怎么努力都休想搬动，但只要你敢做搬山的人，山那边就是金矿。

我就是那个敢搬山的人，我带领团队主动研究并使用 AI 系统，用 AI 设计系统把包装方案生成时间压缩到 3 分钟，让每个小商户都能拥有专属设计，把曾经的"低端产品"变成终端货架上的"沉默销冠"。

走进我们办公室里的展厅，最显眼的不是满墙的客户 Logo，而是给客户做得精致且快速提升品牌形象的实物产品——从街角奶茶店到网红烘焙品牌，这些曾经不被大厂看好的小客户，我们用持续的订单堆出了年营收入过亿的成绩单。

这一路踩过的坑、流过的汗，最终让我明白：商业的本质从来不是追逐热门赛道，而是打破固有认知，在别人看不见的细节里，挖掘属于自己的"护城河"。我们从名不见经传的小作坊，到如今已

发展成为行业头部企业，并在全国有几十位事业合伙人，也被很多传统企业老板纳为学习榜样。

这段经历教会我：当你放下偏见，认真研究每个行业时，会发现每个"低端"背后都藏着未被满足的需求，每个小生意都可能变成大生意。关键是你要有勇气撕开成见的面纱，用显微镜观察市场，用耐心培育客户，最终你会发现，所谓红海，不过是先行者眼里的蓝海。

1.1.3　逆袭公式的四大拆解维度

各行业的恶性竞争让企业痛苦不堪，谁不想逆袭？但是，逆袭不是口号，而要找到属于你的突破口，然后倾尽全力撕开它。那么，我们传统企业到底应该如何逆袭呢？我通过实践，总结了一个逆袭公式：行业选择 × 效率革新 × 流量重构 × 组织裂变 = 市场机会点。这是我和团队 15 年来摸爬滚打攒下的"破局密码"。

当年我在 300 平方米仓库，带着一群女工接小订单时，压根没想到这四个维度能撑起一家产值过亿的企业。这不是理论推导，而是用真金白银堆出来的实战指南。

1. 行业选择

在针尖大的市场里凿出深井。在当下激烈的商业竞争中，选对一个行业至关重要。如今，各行各业都在经历深度分化，红海市场厮杀惨烈，蓝海领域也不断被发掘。与其在拥挤赛道中盲目角逐，不如聚焦一个小的细分赛道。就像在针尖大的市场里，以专注和深耕凿出属于自己的深井。

看似狭小的细分领域，实则蕴含巨大潜力。比如宠物殡葬服务，曾是无人问津的角落，却因爱宠人士情感需求的增长，逐渐成为新兴行业；又如古风汉服配饰，凭借小众文化爱好者的追捧，发展出庞大产业链。专注细分市场，便能够精准满足特定人群需求，建立独特竞争优势。当在细分领域站稳脚跟，积累技术、口碑和资源后，便能以此为根基，不断延伸拓展，从而发现更大的市场，实现从"小而美"到"广而强"的蜕变。

小熊电器早期不与美的、格力等公司竞争大家电，而是瞄准"一人食"小家电，把煮蛋器、酸奶机做到极致。这种"小而美"的策略和我们做 2000 件起订的小包装异曲同工：表面是缩小市场范围，实则是把中小商户的高频需求放大成稳定的现金流。

2016 年，我们帮社区烘焙店做包装袋，老板当时直犯难，跟我说："大厂最低 5000 件起订，我们小本生意压不起货。"合作以后我们发现，这类客户复购特别频繁，平均每个月都要补一次货。三年下来，这类客户的订单总额比那些看似风光的大客户还可观。这让我更加坚信：真正的好生意，藏在别人嫌"小"的高频刚需里，就像便利店门口的烤肠袋，看似不起眼，却能撑起一片天。

我们要时刻谨记：好赛道不是挤热闹，而是找大厂看不上、小厂做不好的缝隙。

2. 效率革新

想要破卷突围，先从效率革命开始，把每个环节磨成锋利的刀刃。2015 年，因扩建厂房吃了大亏，我在车间待了整整三个月，和厂长沟通后，我决定详细记录下每道工序的浪费点，如印刷机换色时空转了 1 个多小时、裁剪布料时掉下的边角料，这些看似不起眼浪费却比设备投资更伤利润。

那段时间，我详细阅读了知名竞争战略专家迈克尔·波特的书籍，他的成本领先战略对我经营企业有很大的启发。原来所谓成本领先，不是让我们低价竞争，而是教我们如何算细账。当时，行业盛行高价购买全自动化设备，这是一笔巨大的投资。我们没跟风购买全自动生产线，而是学丰田把每个流程拆成 15 分钟微单元，连印刷机换色都分解成具体执行动作——就这么一点点变化，愣是让生产成本比同行低了很多。

学习美的"632"战略，让我醍醐灌顶。美的早年推行的"632"战略，旨在通过统一流程、数据和系统，全面重构集团的信息系统，实现"端到端"的数字化管理体系。具体内容包括构建六大运营系统、三大管理平台、两大门户和集成技术平台，目标是实现"一个美的、一个体系、一个标准"，即统一的业务流程、数据标准和 IT 系统。

美的没有投巨资购买设备，而是重新设计订单处理流程，把周期从 7 天缩短到 36 小时。我们后来做柔性生产时深受启发：把生产线改成量化与标准化双重管理，用量化精算最佳日产量。这种"小改小革"花不了多少钱，却让急单处理能力翻了几番。

因此，千万别迷信技术，不要以为效率低是因为设备太陈旧。举个例子，你花 6000 元买了一部功能很强大的手机，可实际上普通人 90% 的功能根本就用不上，这相当于花 6000 元买了一个价值 1000 元、只拥有三个功能（打电话、上网、拍照）的手机。因此，效率提升从来不是靠购买高大上的设备，而是像拧螺丝一样，把每个环节都拧紧，别产生无效浪费。

3. 流量重构

用信任做杠杆撬动人脉网。当下实体商业正陷入"双重绞杀"困局：线下，消费者行为全面线上化，商圈人流锐减超30%，门店沦为"静默橱窗"；线上，电商平台流量成本年均涨幅达25%以上，竞价排名的"烧钱游戏"让中小企业望而却步。这背后折射的是传统流量逻辑的彻底失效——过去依赖地理位置与平台算法的粗放获客模式，已难以支撑企业生存。

破局关键在于构建"信任飞轮"，即以用户价值为核心，通过极致产品体验与服务承诺建立情感联结，借助私域社群、会员体系实现口碑裂变，将单次交易转化为终身价值运营。数据显示，高信任度品牌复购率比行业均值高47%，老客户推荐带来的新客户转化率超传统广告3倍。唯有将信任转化为可量化的商业资产，才能突破流量桎梏，在存量市场中开辟增长新曲线。

我们曾有一条抖音视频火爆了，灵感就是来自客户的一句抱怨："包装花了不少钱，消费者拿到手就扔了。"这让我们意识到：流量的本质不是曝光，而是帮客户解决"如何让消费者记住"的问题。后来我们做抖音视频宣传，专门拍摄车间里的故事：比如怎么让塑料袋承重更强、如何通过包装设计减少外卖漏汤等。这些内容反而成了信任货币，就像蜜雪冰城的"甜蜜蜜"，让客户觉得"这就是给我解决问题的"。

蜜雪冰城早期在县城开店时，不搞网红装修，而是把"平价＋稳定"做到极致，靠农村包围城市成了万店品牌。我们从中得到启发，开始重视客户转介：老客户介绍新客户，就送一定数量的定制产品。结果很多新客户都是看着老客户的包装袋找来的，转介成本比投流低得多。

利用互联网宣传这些年，我越发觉得：最好的流量密码，从来都藏在客户看得见的细节里，就像我们拍的那些车间视频，镜头越真实，客户越信任。

4. 组织裂变

组织裂变，核心是让每个员工都成为 CEO。当下，传统企业正面临组织管理的"代际冲突"困境。过往层级分明、指令式的管理模式，在以"95 后""00 后"为主力军的职场中频频碰壁。许多老板感慨"年轻人难管"，实则暴露了管理体系与员工诉求的脱节。这代职场人更追求自主、价值感与成长空间，传统的"被动执行"模式难以激发其潜力。

破局之道在于重构组织生态，赋予员工"CEO 思维"。通过扁平化管理、项目制授权等方式，让员工从"执行者"转变为"经营者"，将个人职业理想与企业目标深度绑定。当员工能在自主决策中实现自我价值，内在驱动力被充分激活，不仅能为企业创造更高收益，更能形成企业与员工双向赋能的可持续发展闭环。

我曾经参观国内一家头部科技公司，看到年轻团队自主决定产品方向，给我很大启发：好的组织不是金字塔，而是让每个小团队都像"创业体"。回来后，我推行了背靠背作战体系，把团队拆成小单元，有些员工、合作伙伴从连剪映都不会使用，变成月销几十万元的网红站长。他的秘诀很简单：客户半夜发消息要加急打样，他带着团队通宵干——这种"把客户的事当成自己的事"的劲头，在传统公司根本很难出现。

这和海尔的"人单合一"模式不谋而合，他们把员工变成"小老板"，而我们给合伙人 25% 的利润分成。但放权不是放任，我们搭建了网站站长共生支持体系：设计组用 AI 工具帮他们出方案，供应链组保障物料，财务组帮他们算细账，服务小组协助处理突发及协调资源等复杂问题。当员工从"打工者"变成"小老板"，他们眼里不再是 KPI，而是自己的创业梦，这种心态转变带来的效率提升，比任何考核都有效。

这些年最深的感悟：所有战略的起点，都是对客户需求的敬畏。当你蹲在车间看工人操作，趴在客户门店数订单，坐在电脑前修改视频脚本时，就会发现：企业破局的密码不在书里，而在每个具体的问题里。如果你还在迷茫，不妨试试以下四个维度。

行业选择：找那些"大厂嫌小、小厂嫌烦"的细分市场；

效率革新：从改一个流程、省一点能耗开始，积少成多；

流量重构：把自己当成客户，想想他们需要什么样的解决方案；

组织裂变：让员工看到，跟着你干就能实现他们的价值。

商业世界没有捷径，有的只是把每个细节做到极致的坚持。就像我们当年在小仓库接 2000 件订单时，从没想过能走到今天。只要沿着以上四个维度持续深耕，每个中小厂都能在红海里凿出属于自己的蓝海。毕竟，所有的破卷突围，都始于对"小需求"的大敬畏，成于对"笨功夫"的死磕到底。

1.2 奶奶的哲学：商业世界的"正向 PUA"法则

1.2.1 信任复利的三重内核

我奶奶常说："你给街坊送碗饺子，人家会还你一筐枣。"这种扎根于中国民间社会的朴素智慧，在商业世界里具象化为一套精妙的信任资产积累逻辑。早年走街串巷跑业务时，我总想起奶奶这番话。商业中的信任本质上是一种"情感存款"，其增值公式概括如下：信任值=（利他行为×频次）/时间衰减系数。

1. 信任初建：播种期的"三厘米善意"

河南许昌有位做劳保用品的老板，创业初期他每天揣着印有自己手机号的鞋垫走街串巷，遇到工厂门卫就塞一双："您试试这防滑鞋垫，夜里值班少摔跟头。"这种持续的微小善意，就像春日播种，看似不起眼的举动，终将在时间的土壤里萌生出合作的幼苗。

2. 中期维护：把客户变成"老街坊"

我们要求销售团队践行"三个必做"：初次接触必送我们定制的伴手礼；定期回访必带能给客户创造价值的东西；问题解决必超预期。曾有客户急需一批包装材料，我们连夜协调物流，不仅按时送达还多送了备用批次。这种融入日常的关怀，让客户关系从商业合作升华为情感联结，就像老邻居间的串门走动，越走越亲。

见面三分熟，多和客户见面沟通。能见面就不要打电话、发微信，比如商务洽谈时面对面的肢体语言与微表情交流，往往比冷冰冰的文字更能传递诚意；老友相聚时的热络氛围，也绝非隔着屏幕的问候所能替代。即使日常琐事沟通，当面说明不仅能避免信息误传，还能通过即时反馈快速达成共识，省去反复确认的时间成本。

3. 长期回报：信任红利的"滚雪球效应"

有一个江苏的客户与我们合作初期，只是试探性地采购少量餐盒。三年间，我们不仅按时供应，还主动帮他们分析不同门店的损耗率，提供定制化包装方案。疫情期间，当他们因供应链断裂面临断供危机时，我们优先调配库存以保障供应。这份信任在行业寒冬中开花结果——对方主动将 80% 的包装采购份额交给我们，还介绍了 3 家连锁品牌客户。这又让我想起奶奶常说的话。在商业世界里，深厚的信任关系就是最坚实的护城河。

1.2.2 "正向 PUA"的五大应用场景

在短视频内容泛滥的当下，刚开始我也很浮躁，在很长的一段时间里反复变换视频风格，但效果并不理想。有一天，我独自一个人在公司楼下抽烟的时候，突然想起小时候奶奶总是带我去街坊拉家常，让我产生了灵感，于是从奶奶"拉家常"的智慧中提炼出"45°仰视法则"：20% 专业内容让客户看见我们的实力，30% 痛点共鸣让客户感受到被理解，50% 解决方案让客户知道跟我们合作能解决问题。这种既抬头仰望又俯身实干的内容策略，让我在商务沟通、短视频拍摄等工作中屡屡受益。

1. 蜜雪冰城的"下沉市场攻心术"

蜜雪冰城在拓展乡镇市场时，没有一味强调低价，而是制作了系列宣传片：镜头扫过创始人早年蹬三轮车卖冰激凌的场景（专业势能），接着展现乡镇创业者起早贪黑的艰辛（痛点共鸣），最后详细讲解如何通过总部供应链降低原料成本、提升利润（解决方案）。这种把自己放进客户生活里的内容，让乡镇加盟商觉得：这不是高高在上的品牌，而是跟我们一样打拼的兄弟，短短一年时间便新增数千家门店。

2. 利他举措是比广告更有效的信任催化剂

我们曾制作一期包装采购防坑类的视频，没有攻击同行，而是用菜市场买菜打比方：就像您买土豆，不能只看个头大，还得看有没有虫眼。视频里详细拆解了劣质包装可能导致的产品损耗、客户投诉等问题，并提供了简单易行的质检方法。这条视频在短视频平台上被广泛转发，吸引了80多家企业主动咨询。

3. 以叙事编织信任之网

每家企业都值得倾注心血打造一个动人心弦的故事并拍成视频。唯有饱含情感张力的叙事才能唤醒人心的共鸣。我曾刷到广东中山某红木企业短视频：斑驳光影中，鬓发染霜的老匠人执起学徒的手，苍劲的手掌抚过木纹肌理。镜头流转间，布满老茧的掌心与镌刻客户姓名的榫卯接缝交相映照，木屑纷飞里深浅不一的刻痕，这一幕幕场景无须任何语言描述，却好像在诉说器物承载的生命温度。当商品褪去冰冷外衣，以匠人精神的薪火相传直抵人心，这才是构筑信任基石的当代叙事密码。

1.2.3 从村口到董事会的认知升维

早年跟着奶奶在老家赶集时，看到卖豆腐的大爷总给熟客多舀半勺豆浆，这是典型的"村口思维"——靠小恩小惠维系关系。但真正的商业升维，是从帮客户省钱到帮客户赚钱的转变，就像大爷不仅卖豆腐，还能告诉餐馆老板如何用豆腐开发新菜品，让双方都能赚到更多钱。

1. 从供应商到商业伙伴，为客户创造更大的商业价值

有一个朋友，给我们介绍了一个大客户，但是客户要求通过招标才能合作。那天，我们如约出现在包装招标会上，竞争对手忙着打价格战，我们却带着 AI 设计团队现场演示：根据客户的新品定位，我们建议采用可降解材料，虽然成本增加 8%，但能契合当下环保趋势，在商超上架时获得黄金陈列位，预计能使终端溢价达 20% 以上。我们不仅提供包装，还帮客户算清了品牌增值的明白账，最终从备选供应商逆袭为核心合作伙伴。这样做，让客户深深地感受到我们不是来卖包装的，是来帮他们提升产品竞争力的。

2. 客户成长计划：让信任生根发芽

针对不同阶段的客户，我们推出了定制化服务：对初创企业，提供市场调研和包装设计建议，帮助他们在展会中脱颖而出；对成长型企业，分析销售数据，提出分区域差异化包装方案；对成熟企业，分享行业趋势，协助开发高端产品线。

这种认知升维的本质，是把客户从一次性交易者变成长期共赢者。就像我奶奶当年送饺子，不是为了马上换枣，而是为了让邻里间的温暖流动起来。在商业世界里，真正的成功不在于赚了多少钱，而在于成就了多少客户——当客户因为与我们合作而变得更好时，我们的事业自然也会根深叶茂。

回顾这些年的实践，我越发觉得奶奶的哲学里藏着大智慧：商业的本质从来不是精明的算计，而是真诚的相待。那些看似"吃亏"的小举动、那些融入日常的关怀、那些超越交易的价值创造，最终都会化作信任的基石，支撑起长久的事业。就像老辈人说的："人心换人心，黄土变成金。"在这个充满变数的商业世界里，这

份来自村口的智慧，依然闪耀着温暖而坚定的光芒。

1.3 赛道筛选三要素：高频、刚需、抗周期

1.3.1 价值百亿元的赛道评估模型

男怕入错行，女怕嫁错郎。选择正确的行业赛道，无疑是企业发展中的关键一步。判断一个赛道是否有发展潜力，是否值得全力以赴，最关键的是要建立合理的评估模型。

这个模型的核心是高频、刚需、抗周期三个关键词。高频意味着市场活动频繁；刚需指向消费者不可或缺的需求；抗周期则确保即便在经济波动下，企业依旧能够稳定发展。掌握这三个要素，企业便能在竞争中占据有利位置，实现长期稳定的增长。高频、刚需、抗周期的赛道评估模型，不仅适用于初创企业，同样对成熟公司来说，也是重新审视和调整自身发展战略的有力工具。

现在，请你拿出一张白纸，从月均消费频次、客户生命周期、经济波动影响三个维度画出赛道筛选三维坐标系，通过这套模型快速帮你避开伪风口。模型核心指标如下。

高频消耗（X 轴）：客户月均采购频次 ≥ 3 次；

刚性需求（Y 轴）：产品不可替代性 ≥ 60%；

抗周期波动（Z 轴）：经济下行期需求衰减率 ≤ 25%。

当我将健身房与包材行业代入模型时，数据对比令人震撼（见表 1-1）。

表 1-1　健身房与包材行业数据对比

维　　度	健身房	包材行业（2023 年）
月平均消费频次	0.3 次	4.8 次
客户生命周期	8.7 个月	43 个月
经济波动影响	营收下滑 58%	需求增长 9%

我当初就是用这个模型分析包材行业，彻底颠覆了我过去的传统认知：看似"低端"的塑料袋生意，实则是隐藏的现金流之王。

1.3.2　高频赛道的"蚂蚁雄兵"战略

分享完赛道评估模型，下面就开始逐个要素解析，先解析"高频"。

单只蚂蚁好像不堪一击，但是蚂蚁军团却能轻易放倒一头大象，这就是聚集的力量。蚂蚁雄兵，是通过无数细小的努力，共同托起整个生态系统。我们的企业也需如此，在高频赛道上持续创新，从细节处挖掘客户需求，以微小的改进累积成为市场中的巨人。

例如，在我们包材行业，通过分析消费者行为，不断优化包装设计，提高产品的便利性和美观度，从而实现产品的高频次消费，确保了在各个经济周期的稳健表现。

尽管包材行业的竞争异常激烈，但通过专注于产品创新与市场趋势的敏锐洞察，我们成功地将包材行业打造成了一个高频、刚需、抗周期的赛道。例如，在环保意识日益增强的背景下，我们推出了由可降解材料制成的包装产品，既满足了市场对于环保的需求，又确保了在经济波动中的稳定增长。

我曾经带领团队在北京新发地批发市场做过实地调研，让我惊讶地看到高频赛道的真正威力。

- 单个水果摊位日均消耗打包袋高达 80 个；
- 奶茶店每月采购杯托、包装袋超 2000 件；
- 社区团购团长每周均使用快递袋多达 150 个。

可惜的是，传统包材商普遍存在两个"规模偏见"。

- 没有万件起订量，印刷成本收不回来；
- 小客户事多、利润薄，伺候不起。

面对这一现状，我们提出"小批量定制化"的解决方案，通过技术创新和流程优化实现了成本控制，从而能够服务更广泛的客户群体。我们的这一模式不仅提高了客户的采购频次，还增强了产品的不可替代性，进而降低了经济周期波动对业务的影响。通过这样的策略，我们成功在包材行业树立了新的标杆，为同行提供了可借鉴的发展路径。

具体做法是，反其道而行之，用三把"手术刀"切开市场。

- **需求颗粒化**：细分客户需求，分批次定制；
- **服务模块化**：提供"设计 + 生产 + 物流"全托管服务；
- **支付集约化**：首创"小量全款 + 按需结算"模式。

这套组合拳让某连锁烘焙品牌将年度大单转为月结订单，虽然单笔利润有所下降，但客户生命周期总价值（LTV）却显著提升。

我认为，所有企业都有能力采用"蚂蚁雄兵"战术重构企业发展战略，千万不要在一条道上持续摸索，毫无意义。正如熊彼特曾留下一句振聋发聩之言："不管把多少数量的马车连续相加，也无法得到一列火车。"这句箴言，绝非简单的交通工具类比，而是对思维禁锢与突破的深度叩问。若我们的思维被传统深深束缚，就如同执着于用马车拼凑火车。

马车代表着旧有的模式与习惯，再多的重复与叠加，不过是在熟悉的路径上打转。而火车象征着全新的变革与突破，它需要跳出常规的思维轨道，从动力系统到运行模式，皆是对马车时代的颠覆。

在追求进步的漫漫长路上，只有打破思维的枷锁，勇敢地迈向未知领域，才能跨越从马车到火车的巨大鸿沟，实现真正意义上的突破与创新。

1.3.3 刚需背后的权力结构博弈

现如今，众多制造业的老板们感慨制造业的黄金时代已然落幕，并对未来抱有悲观情绪。然而，我并不认同这一看法。问题的根源不在于制造业本身，而在于领导者的思想观念未能跟上时代的步伐。他们固守着旧有的经营模式，未能洞察市场需求的细微变化，更忽视了技术创新带来的无限可能。只有勇于打破思维定势，拥抱变革，才能在新的竞争格局中找到生机，重塑制造业的辉煌。

在这样的背景下，制造业老板应积极拥抱变化，深刻洞察市场需求，特别是刚需，以用户需求为导向，调整产品策略，强化研发能力。同时，应注重与客户的深度合作，通过服务创新来提升产品附加值，实现从"卖产品"到"卖解决方案"的转变。

如此一来，即使面对竞争激烈的市场环境，也能持续保持竞争优势，开创行业新的增长点。制造业老板需认识到：创新不仅是技术层面的突破，更是思维模式的革新。唯有跳出舒适区，敢于试错，才能在变革中捕捉机遇，引领行业迈向新高峰。

经过十余载在包材行业的深耕细作，我深刻认识到刚性需求的核心在于权力结构中的不可替代性。面对一家上市食品公司的降价要求，我领导团队夜以继日地制订了包材成本重构方案。

- 将包装厚度从 0.08 毫米 降至 0.075 毫米（强度不变）；
- 优化印刷色组（6 色变 4 色，节省油墨成本）；
- 调整仓储布局（缩短运输半径）。

通过这些举措，我们不仅满足了客户的降价要求，同时保持了产品质量，实现了成本的显著节约。最终，食品公司对我们的方案表示了高度认可，我们成功签订了新的长期合作协议。这证明了，在理解市场和客户需求的基础上，通过创新思维和实际行动，可以达成双赢的局面。

这种"价值守护者"姿态，反而让我们获得独家供应商资格。刚性需求的护城河，永远建立在为客户创造增量价值的能力上。在权力结构的博弈中，我们不仅巩固了市场地位，更深刻理解到，真正的竞争力源自对客户需求的精准把握与持续创新。唯有如此，才能在变幻莫测的市场中立于不败之地，实现企业与客户的共同成长。持续深耕客户需求，细化服务颗粒度，提升响应速度，确保每个环节都能精准对接。

如何准确地识别并筛选出客户真实的需求？让我们暂时抛开战略和增长的议题，专注于一个具体的问题：为什么你的产品总是被客户评价为"不够好"，而当你根据他们的意见进行修改后，销量却持续下降？这是因为客户反馈通常基于个人感受，缺乏全面的视角，盲目地迎合这些反馈可能会削弱产品的核心价值。

我们服务餐饮企业也面临这一问题，其核心矛盾是，客户所表达的需求中，有90%掺杂着伪需求。下面，我将向大家介绍一种"去伪求真"筛选法，帮助你从客户的众多需求中发现真正的需求。

若问你以下问题：当消费者购买矿泉水时，他们表达的需求是什么，是解渴、安全，还是价格低廉？同样是2元的农夫山泉和冰露，为何前者市场占有率比后者高出许多？这是因为真正的需求隐藏在三层保护之下。

第一层保护：语言失真。

客户说"想要更省油的汽车"，实际上可能是"希望邻居认为我懂得环保"；说"需要更高清的摄像头"，可能是在暗示"我的平台视频没有获得足够的点赞让我感到焦虑"。表面上，客户提到的问题并非他们真正的困境。

比如一家为4S店供货的工厂，客户不断要求"降低雨刮器单价"，他们连续3次降价后损失了利润。后来我们发现，4S店真正的担忧是：新能源汽车的保养频率降低，必须依靠雨刮器这类高频更换件来维持客户到店率。因此，真正的需求并非价格，而是"提高拆装便捷性以刺激更换频率"。

破解工具：行为痕迹分析法。

丢弃需求调研表，带领团队执行以下3项任务。

- 查看客户的复购订单，找出哪些产品组合经常一起出现；
- 在客户许可的情况下安装摄像头记录产品使用过程，统计哪些功能键从未被使用过；
- 通过电商平台竞品评论，统计前20%的高频关键词。

第二层保护：场景错位。

先来探索一个问题，为何当初美图手机的配置不如小米手机，但在自拍场景下却能卖出高价？因为当一名女生站在迪士尼城堡前，她的核心需求并非手机的跑分数据，而是"在朋友圈获得更多的点赞量"。请记住：没有场景的需求，就像没有地图的宝藏。

再比如一家从代工 T 转型为自主品牌的公司，客户都说"需要更柔软的婴儿服"。但当他们将新疆棉的成本提高后，销量反而下降了。这家公司跟踪了 200 位"宝妈"，发现真正的高频使用场景是：在半夜困倦时仍坚持手洗。因此，真正的需求并非材质，而是"机洗 100 次不变形"。

破解工具：需求坐标系定位法。

绘制一个二维坐标系，如图 1-1 所示。

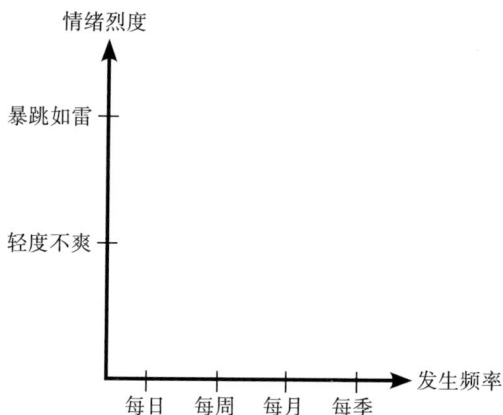

图 1-1 需求坐标系定位法

图 1-1 中，横轴代表"发生频率"维度，采用对数刻度从左至右延伸，具体刻度划分为：最左端标注"每日"发生频次，向右依次分布"每周""每月""每季"的时间单位。

纵轴代表"情绪烈度"，从"轻度不爽"到"暴跳如雷"将收集到的需求全部定位在坐标系上，只保留右上角"高频 + 高痛"区域的需求。

第三层保护：群体幻觉。

有一家户外用品店，80% 的用户留言要求产品采用"碳纤维材质"，结果高端款月销量仅为 3 件。公司通过潜伏到"驴友"社群后发现：新手在跟风装专业，而老手实际上在闲鱼上淘二手货。你看，往往正是这种集体的喧嚣掩盖了沉默的真相。

再以家具厂为例，客户都说"现代简约风是趋势"，但当厂家停止使用雕花工艺后，经销商纷纷退货。后来他们走访县城市场发现：消费者所理解的"简约"是欧式线条配大理石纹，与设计师所理解的"冷淡风"完全不同。

我以多年的实践经验总结了一个破解工具，——需求反脆弱测试。具体做法如下：先假设需求无效，再通过极端测试验证。比如，暂时取消某功能，观察用户反应；或推出极简版产品，看市场接受度。通过逆向思维，筛选出真正的需求，避免被表面声音误导。

最为关键的动作是，设计 3 个反向验证环节。

- 付费墙测试：询问熟悉的客户是否愿意支付 10% ～ 15% 的定金；
- 代价测试：告知客户实现该需求需要取消某个现有功能；
- 时间陷阱：两周后再向客户询问同样的问题，看其需求是否保持一致；

当你穿透这三层保护，将会发现人性底层的五大真实需求。

被看见（比如奶茶店排队背后的社交货币）；

被理解（比如老年人手机放大图标不如语音输入直达）；

被保护（比如婴儿恒温睡袋本质上是缓解母亲的焦虑）；

被奖励（比如健身 App 的勋章系统比课程更重要）；

被连接（比如社区团购真正销售的是邻里归属感）。

最后，我为大家提供一张需求炼金图，如图 1-2 所示。

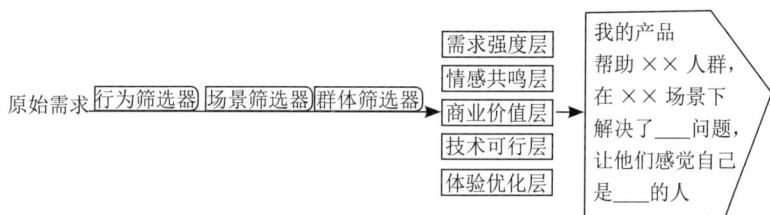

图 1-2　要求炼金图

• 将收集到的需求投入行为、场景、群体 3 个筛选器；

• 筛选出的碎片用"需求检测模型"重新熔铸；

• 输出一句简洁明了的话：我的产品帮助 ×× 人群，在 ×× 场景下解决了 ×× 问题，让他们感觉自己是 ×× 的人。

其实，顾客永远不会告诉你，他们需要汽车，他们只想要更快的马。而我们的价值，就是在听到"要更快的马"时，能嗅到石油的味道。

1.3.4　抗周期生意的竞争护城河

如果你的行业周期性太弱，要么换行业，要么创造新需求。

大多数企业不太可能轻易换行业，构建一个能够抵御行业周期波动的免疫系统至关重要。通过运用"需求反脆弱"工具，我们能够精确地捕捉到客户的核心需求，并以此构建产品的护城河。在市场波动的环境下，我们应坚守人性的基本需求，并灵活调整策略，确保产品能够持续吸引用户，从而实现长期稳健的发展。

以诺基亚的案例为例，它曾忽视了用户对智能操作系统深层次的需求，固守塞班系统，最终在智能手机的浪潮中败退。相比之下，苹果公司精准把握了"连接"与"奖励"的需求，并通过iOS生态系统构建了强大的护城河，成为抗周期波动的典范。

当苹果公司在2007年推出iPhone系列手机，用触屏交互和iOS系统开启智能手机的导入期时，诺基亚陷入了"成功陷阱"：在新周期中，成熟阶段的核心能力（硬件耐用性、长待机、运营商渠道）变成了创新的枷锁。塞班系统的代码架构无法支持复杂应用，供应链的规模优势在小批量定制化需求面前失效，甚至"抗摔"的产品卖点，在玻璃机身的时尚浪潮中也变得过时。埃洛普的困惑，本质上是成熟企业对行业生命周期拐点的认知盲区——当技术范式转换（从功能机到智能机）引发需求革命时，"没错"恰恰是最大的错：错在对"第二曲线"的麻木。

在行业生命周期的转折点，"没错"比"犯错"更危险。真正的抗周期能力，始于对"成功悖论"的清醒认知——当企业的核心优势开始排斥新物种时，就是免疫系统失效的前兆。唯有像生物进化般保持对"第二曲线"的饥饿感，才能在周期浪潮中完成代际跃迁。企业需在"免疫窗口期"敏锐捕捉变革信号，打破路径依赖，激活内部创新引擎。如同自然界适者生存，唯有不断自我革新，才能在周期更迭中立于不败之地。

再以我们的公司为例，从电商模式到网红站长模式，我们经历了穿越行业周期的需求反脆弱实践。

1. 需求及脆弱方法论

"需求反脆弱方法论"在包材行业经历三次周期波动（传统制造、电商冲击、短视频革命）中，我们通过"需求反脆弱三阶模型"实现了进化。

第一阶段：需求识别与转化层。首先剥离表象需求，锁定"包装即传播"的深层需求，精准地把握用户在包装设计中的品牌传播诉求，避免陷入单一功能性的陷阱。然后进入需求转化层，将用户痛点转化为创新点，通过定制化方案提升包装附加值，实现差异化竞争。最后，进入需求迭代层。我们持续追踪市场动态，快速响应新兴渠道需求，确保产品在多场景下的适用性和前瞻性。绿橙包装的成功在于其对市场需求的敏锐洞察和快速响应。

第二阶段：护城河构建层。我们以创业赋能系统形成需求满足的闭环生态，通过内部孵化与外部合作，构建多维度服务体系，强化客户黏性。同时，建立大数据库，利用数据驱动优化资源配置，提升运营效率，形成难以复制的竞争优势。

在此基础上，我们进一步深化"用户共创"模式，搭建开放平台，邀请用户参与产品设计与迭代，增强品牌共鸣。通过构建"需求—创新—反馈"的良性循环，不仅巩固了现有市场地位，更在新兴领域提前布局，确保在行业周期波动中始终保持领先态势。

第三阶段：建立免疫强化层。我们通过"柔性供应链 + 网红裂变"机制建立动态防御体系，实现供需高效匹配，抵御市场波动风险。网红站长裂变机制则加速品牌传播，形成口碑效应，增强了市场免疫力。

三者协同，构建起在行业周期中的稳固防线，确保企业持续稳健发展。在此基础上，我们进一步整合线上线下资源，优化供应链管理，提升响应速度。同时，利用 AI 技术精准预测市场趋势，提前布局新兴市场。三年内，从母公司到新成立的平台，始终不断迭代升级。我们以超级网红站长模式为核心，以"通定（通货与定制）"为杠杆，横向整合同行，纵向整合供应链，跃升为中国包材行业头部企业。

通过"需求反脆弱三阶模型"，我们不仅精准识别了用户的深层需求，还将痛点转化为创新点，持续迭代产品，确保在多场景下的适用性。我们通过精细化运作，挖掘每个场景的价值，帮助客户提升收益，从而在周期波动中保持领先。

从最初的电商运营模式法到网红站长模式，从线下实业再到线上电商，又从线上到线下，最后到同城私域运营模式，我们用了十几年的时间，从零做到年营收入过亿规模的包装生产和服务商，帮助了更多的企业和个人成就自我。

2. 穿越周期实操方法

第一步：需求解码（2010—2016 年）。从电商转型期遭遇账款危机，洞察到传统包装的深层矛盾：中小商家既要成本控制，又需品牌差异化；创业者渴求轻资产但具备供应链支撑的项目。

面对双重挑战，我们精准把握市场脉搏，创新推出以"轻资产＋定制化"为基础的网红站长解决方案，有效化解了中小商家与创业者的痛点，实现了成本与品牌的双赢。为此，建立了小批量定制系统（2000 件起订），开发 AI 设计工具降低定制门槛。

第二步：生态重构（2017—2021 年）。短视频革命冲击传统电商，我设计并启动了"前店后仓"双轨制。

- 前店：抖音及视频号账号矩阵（@包材大王梁涛等）日更短视频；

- 后仓：同城 24 小时送达。

实行该机制后，我们发现短视频获客成本较传统渠道下降显著，而且复购率提升至行业领先水平。

第三步：免疫加固（2022—2024 年）。构建创业者共生系统。

- 准入门槛：1 万元货款启动金筛选真实创业者；
- 能力培养：7 天速成培训（含三大实操模块）；
- 收益设计：25% 利润空间＋统一定价机制；
- 成果验证：行业领先头部站长月均 GMV 突破 50 万元。

第四步：反脆弱进化建立"三层需求响应机制"。

- 基础层：保障包装基础功能（防漏／保鲜）；
- 增值层：植入营销价值（可定制文案二维码）；
- 裂变层：站长创业故事反向赋能品牌。

通过这三层需求响应机制，企业能够灵活应对市场变化，不仅满足了消费者对包装基础功能的需求，还通过增值层增加了产品的营销价值，提升了品牌影响力。裂变层则通过网红站长的创业故事，进一步加深了消费者对品牌的认同感和归属感，实现了品牌与消费者之间的深度互动。这一机制的实施，使得企业在面对市场波动时，能够迅速调整策略，保持业务的稳定增长。

同时，网红站长的成功案例也为新创业者提供了有力背书，增强了项目的吸引力，形成良性循环。数据显示，品牌曝光率提升，用户黏性增长，有效推动了企业的可持续发展。进一步深化"三层需求响应机制"，优化供应链协同，提升定制化服务效率，确保快速响应市场需求。同时，强化站长社群建设，定期举办经验分享会，增强站长间的互助合作，形成强大的创业生态圈，助力品牌持续稳健发展。

1.4 案例：为何销售塑料袋比开设健身房更赚钱

创业者经常被消费场景的光鲜表象迷惑，却忽视了盈利逻辑。我曾投资社区健身房，初期看到崭新器材和办卡顾客以为找到了黄金赛道。三个月后，不到30%的客户到店率导致严重亏损。因此，商业判断若停留在表象，不深究需求本质与成本结构，再华丽的商业模式也是空中楼阁。

反观塑料袋业务，这些看似不起眼的日常用品，却在零售生态中构建起坚不可摧的盈利壁垒。从超市收银台到街边小吃摊，从电商包裹到外卖配送，塑料袋以其无可替代的实用性，成为现代消费链条中不可或缺的一环。它们的流通轨迹，不仅勾勒出便捷消费文化的轮廓，更暗藏着高频刚需下的财富密码。

1.4.1 商业本质的财务透视

通过对比健身房和塑料袋两个行业的核心财务指标（见表1-2），我们得以撕开商业表象，洞察其底层逻辑。

表 1-2 健身房和塑料袋两个行业的核心财务指标

关键指标	健身房（中型规模）	塑料袋业务（同等投入）	商业本质差异解析
初始资金投入	高额固定成本	相对灵活配置	重资产模式和轻资产运营
月均现金流	常现负值	持续正向流入	前期投入大、回报周期长和低门槛、高周转

客户流失率	超六成客户流失	客户黏性稳定	低频冲动消费 vs 高频刚性需求
毛利率	微薄盈利空间	可观利润回报	运营成本高且压缩利润 vs 规模效应显著
需求波动敏感性	受外部影响剧烈	抗风险能力极强	聚集性服务易受限 vs 需求稳定

从表 1-2 内容可以得出以下结论。

成本结构决定生存边界。 健身房的运营成本如同沉重枷锁：以北京某 3000 平方米的健身场馆为例，每月租金高达数万元，加上教练团队薪资、设备维护与水电开支，固定成本占比超过 70%。一旦客流不及预期，现金流断裂风险骤增。如某著名连锁健身品牌因疫情闭店潮，背负千万债务最终破产清算。而塑料袋业务凭借低边际成本优势——单个塑料袋原材料与生产成本也就几毛钱，随着订单量增长，规模效应带来的成本摊薄使其毛利率可达 30% 以上，这种轻资产运营模式赋予企业更强的抗风险能力。

需求本质的认知差异。 健身消费本质是"自我提升的情绪价值"，受用户自律性、时间安排等主观因素影响巨大；而塑料袋承载的是"效率工具价值"，嵌入人们日常生活的每个消费场景。某连锁便利店数据显示，83% 的购物行为会自然产生包装需求，这种"被动刚需"使得塑料袋业务客户流失率稳定在 15% 左右，远低于健身房 65% 以上的"弃卡率"。需求频次的差异更是天壤之别：健身房会员年均到店次数不足 5 次，而塑料袋客户年均采购可达 40 ～ 50 次。

现金流的时间价值博弈。健身房的预付费模式看似诱人，实则暗藏风险。大量现金流沉淀在未来服务中，一旦服务交付出现问题（如教练离职、设备损坏），退款纠纷将直接冲击资金链。反观塑料袋业务，采取"现货现结"的结算方式，资金周转效率提升 3 倍以上。这种"快进快出"的现金流模式，让企业始终掌握经营主动权，印证了"现金流为王"的商业铁律。

1.4.2 塑料袋盈利的深层解码

在传统认知中被视为"低端制造业"的塑料袋生意，实则隐藏着精妙的商业智慧。下面我们通过四个方面的深度挖掘，让你了解如何实现从基础生产到价值创造的跨越。

1. 政策红利的创造性转化

2021 年"限塑令"全面升级，当行业内众多企业将其视为成本危机时，我们却从中嗅到了"政策红利"的机遇。通过技术研究，我们成功研发出可降解材料解决方案。

（1）PLA 材质环保袋。虽然成本增加约 15%，但凭借其可降解特性与品牌环保形象，实现 40% 左右的溢价空间，迅速打入生鲜电商供应链。

（2）淀粉基餐盒。针对政府机关、学校食堂等政府采购场景，推出了符合食品安全标准的可降解餐盒。

真正的刚性需求，源于政策合规性、技术独特性与市场适配性的完美结合。当企业能够将政策压力转化为创新动力，危机往往会演变为弯道超车的绝佳契机。更进一步来看，政策导向本质上是社会价值与商业价值的融合点，企业若能提前布局技术研发，建立"政策响应—技术储备—市场推广"的快速反应机制，便能在监管浪潮中抢占先机，这也是"合规即竞争力"的现代商业法则体现。

2. 流量结构的精准重构

在短视频营销浪潮中，我们通过深度数据分析，有了以下特别的发现。

- 23% 的客户关注"品牌定制"，愿意为个性化 Logo 与包装设计支付溢价；
- 57% 的中小商户需要"小批量、快速交货"服务；
- 仅有极少数同行提供从设计到交付的全流程解决方案。

基于此，我们在抖音、视频号、小红书等平台构建了"需求金字塔"内容矩阵。

（1）底层引流。推出 100 元起订的基础款塑料袋，通过"10 分钟快速打样""48 小时发货"等短视频内容，吸引中小商户关注，单条视频最高播放量突破 1200 万次，转化率达 15%。

（2）中层转化。针对连锁品牌推出"企业定制解决方案"，展示从设计稿到成品的全流程服务，其中一条视频吸引 37 家连锁餐饮品牌主动询盘，其中 8 家当年采购额超百万元。

（3）顶层赋能。学习《新消费品牌包装升级建议书》，通过行业趋势分析与案例分享，吸引外部客户，实现从产品供应商到品牌战略伙伴的升级。

因此，企业亟须建立"内容即渠道，数据即资产"的新商业逻辑。在流量碎片化时代，企业需通过精准的数据洞察，将用户需求拆解为可传播的内容标签，并构建分层转化体系。同时，短视频平台不仅是销售渠道，更是用户需求的"探测器"，通过评论区反馈、完播率等数据反向优化产品设计，形成"流量—数据—产品"的闭环生态。

3. 客户价值的深度挖掘

外卖与预制菜行业兴起使塑料袋成为品牌形象的载体。我们为某火锅品牌设计防漏汤袋，通过微成本解决渗漏问题，助其差评率降低30%，复购率显著提升。

高频使用场景下，每月2～5次的定制包装互动形成独特信任机制，品牌与客户的情感连接远超低频消费。

这体现"边际价值递增"原理：将塑料袋与客户痛点绑定，通过防漏设计等微小改良创造超成本价值。高频交易场景具备行为经济学优势——客户形成习惯依赖，更换供应商的心理成本升高，构筑企业隐形竞争壁垒。

4. 抗风险能力的系统构建

面对原材料价格波动、经济周期变化等外部挑战，我们构建了"三位一体"的抗风险体系。

（1）供应链韧性：在京津冀地区布局3个共享仓储中心，实现48小时极速配送，库存周转率提升40%；

（2）客户结构优化：聚焦80万中小客户形成"蚂蚁军团"，避免过度依赖大客户带来的谈判弱势，这种分散化策略使企业在不确定的商业环境下依然保持强劲的增长率。

这背后蕴含着"生态位理论"的商业应用。当企业通过构建多元化的业务组合，占据不同细分市场的生态位，降低单一市场波动的影响。同时，共享仓储、联合采购等模式，本质上是"协同经济"的实践——通过与上下游企业共享资源，将固定成本转化为可变成本，实现风险共担与利益共享。此外，中小客户战略还体现了"长尾效应"的力量，海量小微订单聚合形成的稳定现金流，反而比少数大客户更具抗风险能力。

1.4.3　从制造到智造的认知革命

2022 年，我们引入智能设计系统，彻底重塑了塑料袋业务的价值链条。

（1）需求洞察：通过大数据抓取小红书、抖音等平台"5000 +爆款包装"案例，精准预测"国潮风""极简风"等设计趋势；

（2）方案生成：输入关键词即可自动生成 30 套设计方案，某消费品牌采用系统推荐的"敦煌元素"包装后，终端销量提升了大约30%；

（3）成本优化：实时监测原材料价格波动，动态调整产品结构参数，为某客户订单节省了 12% 的生产成本。

这套系统不仅提升了设计效率，更将塑料袋从"成本项"转化为"增值工具"。为某零食品牌设计的"互动式包装"，单个成本增加 0.2 元，却帮助客户实现 19% 的产品溢价，企业净利润率显著提升。

重视"技术赋能不是颠覆，而是重构"。在传统制造业中，技术应用不应局限于自动化生产，更应渗透到"需求预判—产品设计—成本控制"的全链条。智能设计系统本质上是将用户数据、市场趋势与生产工艺深度融合，实现从"经验驱动"到"数据驱动"的转型。同时，技术带来的效率提升，还能释放企业资源用于更高价值的服务创新，如为客户提供包装策略咨询，进一步深化客户关系，这体现了"微笑曲线"理论在传统行业的延伸——通过技术与服务的双轮驱动，提升产品的附加值。

本章小结

商业胜负手在于本质洞察，如"三碗饺子"哲学：满足温饱、带来惊喜、创造依赖。价值递进思维使塑料袋能撬动百亿市场。

商业成功需把握人性需求、技术趋势、社会价值，创业者需提升认知维度以破局。

章末思考

1. 用"高频、刚需、抗周期"模型评估行业潜力，结合反规模经济思维设计市场策略。

2. 基于边际价值递增原理，设计提升 LTV 方案（含产品、服务、客户管理等）。

3. 以具体行业为例，构建"政策响应—技术储备—市场推广"快速反应机制。

第2章
赛道掘金：传统制造业的隐形盈利逻辑

2.1　万亿元市场的隐性入口

　　在持续研究传统制造业困局的过程中，我发现看似寻常的瓶装水行业，实则藏着破局的关键密码。这个万亿级市场的生存法则，或许能为深陷同质化竞争的中小企业，打开一个利润增长的突破口。

　　为了更深入地剖析这一市场密码，我将从瓶装水行业的商业本质、快消品底层逻辑以及可落地的实操工具等维度展开，试图揭开隐藏在这万亿市场背后，能为传统制造业所用的增长方法论。

2.1.1　瓶装水的商业炼金术

　　农夫山泉较高的毛利率让我反复思考。在拆解瓶装水成本结构后，我发现一个颠覆认知的事实：利润的核心并不在于生产环节，而隐藏在消费者认知塑造与渠道掌控之中。

　　以农夫山泉为案例，我进一步对比分析了众多品牌的市场策略，发现越是成功突围的企业，越善于将水源地优势转化为品牌故事。长白山的天然矿泉、阿尔泰山的冰川融水，这些独特的自然资源经品牌精心包装，成为消费者心中的品质象征。这不禁让我思考，传统制造业是否也能借鉴这种"资源故事化"思维，挖掘自身产品背后的差异化价值，在竞争红海中开辟出一片蓝海？

这种"资源故事化"的成功并非孤例。我注意到一些区域性乳制品企业，同样通过挖掘牧场所在地的独特生态环境，将"黄金奶源带""天然放牧"等概念融入品牌叙事，在强敌环伺的乳业市场中赢得一席之地。这进一步印证了，传统制造业若能深度挖掘产品背后的故事与价值，将有形资源转化为无形的品牌资产，就能在消费者心中构建起难以复制的竞争优势。

不仅如此，在对渠道策略的研究中，我还发现瓶装水行业在终端陈列上的精妙布局同样值得借鉴。头部品牌往往会通过与商超签订排他性协议、打造主题堆头、设计差异化瓶身等方式，最大化抢占消费者注意力。这种对终端资源的精细化运营，恰似在消费者的购买决策路径上设置"导航标"，引导其完成从认知到购买的转化闭环。

这些成功实践让我意识到，无论是品牌故事的塑造，还是终端资源的运营，本质上都是在构建消费者认知与产品价值之间的强关联。而这种关联的建立，不仅需要对市场需求的精准洞察，更需要企业敢于打破固有思维，以创新的视角重新定义产品价值与竞争维度。

我曾深入研究过一家区域瓶装水企业的转型案例。这家企业起初模仿头部品牌打价格战，却始终打不开市场。转机出现在他们挖掘出本地独特的水源地——××山脉深层矿泉。通过大量行业资料分析，我发现该企业巧妙地运用短视频平台，将水源地的实景、水质检测过程做成一系列内容，突出"天然弱碱性"的差异化卖点。短短半年，产品在区域市场的售价提升超过 39%。因此，在同质化市场中，构建独特的品牌认知，是获取溢价的核心竞争力。

从品牌故事的构建到终端陈列的布局，瓶装水行业的每个环节都蕴含着深刻的商业智慧。而这种对消费者认知与渠道资源的精细化运营，同样能为传统制造业带来启示。当我们将目光从瓶装水行业延伸至更广泛的制造领域，会发现许多成功转型的企业，正是巧妙借鉴了这些底层逻辑，在看似饱和的市场中实现了利润的突围。

在瓶装水渠道研究过程中，研究发现国内饮料经销商推行的"终端深耕"战略颇具研究价值。为强化便利店货架资源掌控力度，不少企业不仅投入高额的渠道陈列费用，而且通过提供系统性终端运营支持——包括优化商品动线布局、设计差异化促销堆头等方式，与终端零售网点建立深度协同关系。实证数据显示，该运营模式可使产品终端实现三倍以上的曝光率提升。

东莞某精密紧固件制造企业的转型路径：其初创期以标准件制造为主营业务，毛利率仅维持在 7.8%。通过深度解析客户应用场景痛点，企业战略转型为工业紧固系统服务商，在提供基础紧固件的同时，构建包含防松技术解决方案、第三方质量认证体系及全生命周期运维服务的价值矩阵。更具前瞻性的是，企业将微型传感装置集成于紧固单元，依托物联网技术打造工业设备健康监测平台，创新采用设备启闭次数计费模式。这种从物理产品交付向全价值链服务的升级迭代，结合绿橙十余年的产业实践经验，我提炼出制造业价值跃迁模型：

企业总利润 =（基础物理价值 ×1.2）+（数据资产价值 ×3）+
（系统解决方案溢价 ×5）

这些鲜活的案例与创新实践，不仅揭示了瓶装水行业及传统制造业的利润增长密码，也为我们理解快消品行业底层逻辑提供了绝佳样本。

当我们跳出单个行业的局限，以更宏观的视角审视市场时，便会发现其中蕴含着诸多反常识却极具价值的商业法则，这些法则不仅适用于快消品领域，对传统制造业的转型同样具有深远的指导意义。

2.1.2 快消品的三大破局思维

1. 跳出高频刚需的表面竞争

在走访多家快消品企业时，我发现一个值得深思的现象：越来越多的纸巾品牌以行业极低价格在电商平台推出引流产品，看似牺牲短期利润的举动，实则暗藏长远布局。通过低价策略吸引消费者，在后续购买湿巾、棉签等关联产品时展现出较高的消费意愿。这种"前端铺路、后端盈利"的模式，核心在于对客户价值的深度挖掘——企业需要算的不是单笔交易的得失，而是如何通过一次接触打开长期互动的可能。

现实中，不少品牌通过推出低价试用装获取客户，再以会员体系、精准推荐等方式提升客户复购率，最终实现整体盈利的正向循环。这启示我们：在快消品这个看似"短平快"的领域，真正的竞争不在于一时的价格战，而在于能否构建起贯穿客户生命周期的价值链条。当行业普遍陷入产品功能同质化的红海时，那些着眼于客户长期价值的企业，往往能在看似亏损的开局后，走出一条差异化的盈利之路。

2. 重新定义渠道的价值边界

研究 7-11 便利店的运营模式时，其对货架资源的精细运营令人印象深刻。这让我联想到制造业中"将渠道转化为服务入口"的创新实践：某五金企业在客户工厂设置智能物料存储设备，客户按需取用、定期结算，这种模式既提升了客户的物料管理效率，也让企业从单纯的产品供应商转变为供应链合作伙伴。另一家包装材料企业则更进一层，为食品客户提供从包装设计到仓储配送的全流程服务，这种深度绑定使得双方合作周期显著延长。

这些案例揭示了一个重要趋势：在快消品行业，渠道早已不是简单的货物流通管道，而是企业与消费者、客户之间价值交互的载体。当渠道被赋予场景化、服务化的属性时，它就成为了产品的延伸部分。比如便利店的货架不仅是陈列空间，更是贴近消费者生活场景的触点；供应链上的每个节点，都可以通过服务创新转化为增强客户黏性的纽带。未来的渠道竞争，本质上是企业能否将渠道网络转化为价值共创网络的能力竞争。

3. 在价格迷雾中把握定价本质

对比瓶装水市场不同价格带的产品时，会发现一个有趣的现象：看似微小的价格差异背后，隐藏着定价权的悄然转移。某日用品企业将普通包装升级为兼具品牌传播功能的载体，通过创意设计、防伪标识等细节提升产品附加值，实现了远超行业平均水平的溢价。还有小家电品牌聚焦年轻消费群体，以国潮风格和智能化为卖点，在成本合理上升的同时，成功实现售价的显著提升。

这背后反映的是消费市场的深层变化：当产品物理功能的差异逐渐缩小，品牌所承载的情感价值、身份认同等软性因素，将成为影响消费者决策的关键。

定价权的本质，是企业能否在消费者心智中建立起独特的价值坐标。那些仅仅盯着成本核算的企业，往往陷入"低价—低利润—低投入"的恶性循环；而懂得塑造品牌内涵、精准对接消费情感的品牌，却能在看似红海的市场中开辟出高溢价的空间。由此可知，在快消品行业，定价不是简单的成本算术题，而是对消费者心理认知的深度把握，是品牌价值的市场化呈现。

总结这三个思维，不难发现它们共同指向一个核心：在快消品这个充满变数的行业，成功的关键在于突破传统认知的束缚。无论是从短期交易转向长期价值经营，从渠道利用转向渠道赋能，还是从成本定价转向价值定价，本质上都是对"以客户为中心"理念的深化实践。

2.1.3　挖掘隐形利润的实战方法论

1. 对产业链价值定位的洞察

在长期观察企业战略转型的过程中，我发现那些成功突破增长瓶颈的企业，往往善于运用"产业链价值定位"的思维工具。有一家机械零部件制造商，通过对自身在产业链中的定位分析，意识到虽然产品在客户群体中认可度较高，但所处环节技术门槛相对有限。这种清醒的自我认知促使他们跳出单纯的产品销售模式，将业务延伸至设备全周期管理领域——从提供单一轴承到成为"设备健康管家"，通过附加的监测维护服务，不仅让客户获得更稳定的生产保障，也使自身的盈利模式从一次性交易转向长期价值服务，客单价实现了数倍提升。

这种定位调整的本质，是从"卖产品"到"卖价值"的转变。当企业能够在产业链中找到独特的价值锚点，无论是强化客户服务黏性，还是提升品牌溢价能力，都会实现新突破。

2. 夹层利润的痛点掘金术

在深入剖析企业利润结构时，"夹层利润"的挖掘往往需要跳出传统成本核算的框架。一家刀具品牌售后人员在与客户的日常沟通中敏锐发现，频繁更换刀具带来的停机损耗、人工成本等隐性支出，实际上构成了客户的重要痛点。基于销售服务人员的这一洞察，并经过管理层的会议研判，最终企业加大研发投入推出长寿命刀具，虽然单价有所提升，但因切实解决了客户的生产效率问题，反而迎来订单量的大幅增长。因此，真正的利润增长点，往往隐藏在客户未被满足的深层需求中。

在制造业竞争日益白热化的今天，利润挖掘早已不是简单的成本压缩或价格博弈，而是需要企业具备"产业链换位思考"的能力。无论是通过价值定位找到差异化的竞争支点，还是从客户痛点中发掘未被开垦的利润地带，其背后都离不开对商业本质的深刻理解——真正的商业价值，永远存在于企业能力与客户需求的交叉点上。当我们学会用这种全局视角重新审视自身业务，那些曾经隐藏在数据背后的增长机会，自然会变得清晰可见。

2.2 小订单聚合的规模革命

在走访众多传统制造企业过程中，我常听到老板们抱怨：明明按照管理书上说的追求大规模订单，怎么反而越做越亏？其实，这背后藏着行业的"规模诅咒"。

2.2.1 传统制造业的两大规模诅咒

很多企业盲目追求"大订单＝高利润"，却掉进了看不见的坑。这些年研究过太多失败案例，我总结出两个最致命的"规模诅咒"。

1. 边际成本递增临界点

有一家五金厂，接了一笔看似诱人的大单，结果交货时倒赔了几十万元。深入了解发现，客户要求的特殊规格需要新开模具，光这一项成本就远超预期。更要命的是，临时调配资源导致交货延期，又赔了一大笔违约金。其实，企业都有自己的"舒适区"——超出标准产能范围的订单，就像硬塞太多东西的行李箱，看似装得多，实际成本却不断上涨。

后来我研究了几十家企业的经营数据，总结出一个经验公式：企业接单量最好控制在标准产能的八成左右。这个比例既能保证设备和人力充分利用，又能预留缓冲空间应对突发状况。就像开车时不能一直踩油门，做生意也要给自己留够"刹车距离"。

2. 大客户依赖症

两年前，我和一位注塑厂老板聊天时，他苦笑地讲述了自己被大客户"绑架"的经历。他们厂里七八成订单来自三家大客户，表面风光，实则危险重重。果不其然，其中一家客户因为自身经营问题突然减少了部分订单，他们厂里瞬间陷入资金链危机。这就好比海边的房子，建得再漂亮，只靠几根柱子支撑，风浪一来就摇摇欲坠。

过度依赖大客户的另一个隐患是议价权缺失。这些"金主爸爸"往往凭借订单体量压低价格，企业为了保住生意只能咬牙接受，利润空间被严重压缩。这种不平等的合作关系，就像把命运交到别人手中，一旦市场环境变化，企业就会陷入被动处境。

2.2.2 蚂蚁生态构建四步法

既然大规模订单风险重重，不如学学蚂蚁——单只蚂蚁力量小，但聚在一起能搬动大象。企业落地"蚂蚁雄兵"策略的具体方法如下。

将小订单聚合成大生意，并非一蹴而就，需要一套系统化的方法论。可通过四步法战略逐步落地，让"蚂蚁雄兵"策略真正成为企业破局的利器。

这四步就像搭建积木，每一步都不可或缺且环环相扣。订单碎片化是基础，先打开小订单市场；客户分层矩阵是优化，精准服务不同客户；柔性生产改造是保障，让小订单生产更高效；"蚂蚁雄兵"激励系统则是动力源泉，激发团队积极性。下面详细拆解每一步骤的落地要点和实战价值。

1. 订单碎片化

订单碎片化是打开市场的敲门砖，以灵活的接单模式吸引众多中小客户；传统思维总觉得"大订单才有面子、才盈利"，但我见过不少企业靠拆单反而活得滋润。比如我们推出"小批量定制"后，吸引了大量中小客户。这些客户虽然单次订单量不大，但胜在需求频繁，就像便利店看似每笔生意赚得少，却天天有人光顾。拆单不仅降低生产压力，还能加快资金周转，就像把整钱换成零钱，花起来更灵活。

2. 客户分层矩阵

不是所有客户都要用同一种方式服务。把客户分成三层：基础客户用线上自助平台，如同超市的自助结账通道，省时省力；腰部客户配备专属经理，类似银行的 VIP 服务；头部客户则深度绑定，联合开发新产品。这种分层管理让企业资源用在刀刃上，客户满意度和利润率都明显提升。

需要注意的是，企业在实施小订单聚合策略时，容易陷入"基础客户服务过度投入"的误区。部分企业为追求客户满意度最大化，对所有订单一视同仁地投入高成本服务资源，如无差别提供 24 小时专属客服响应、超快速物流配送等，却忽视了不同客户群体的实际需求差异。

因此，建立分层服务体系，精准识别客户价值并差异化配置服务资源，是规避服务过度风险的关键。

3. 柔性生产改造

设备像搭乐高一样灵活组合，这不是科幻电影。比如，一家电子厂把生产线模块化改造后，换产时间从几个小时缩短到半个小时以内。再配合智能排产系统，就像给工厂装上了"大脑"，能根据订单变化自动调整生产计划。这种改造让企业既能承接小订单，又能保证效率，真正实现"小订单也能规模化生产"。

4. "蚂蚁雄兵"激励系统

员工愿不愿意服务小客户，关键要看激励机制。我见过一家阀门厂，他们非常传统，但是提成设计很有意思：奖金不仅和订单数量挂钩，还加入复购系数。有个业务员专注维护中小客户，靠着高复购率，收入比承接大订单的同事还高。这就像种地，精心照料小客户这片"自留地"，反而能收获稳定的"粮食"。

2.2.3 案例：绿橙包装的"网红站长计划"

我们首创的网红站长合伙人短视频带货模式，是传统包材行业向数字化转型的破冰之举。这套被称为"网红站长计划"的创新体系，通过系统化培训让几十名来自三四线城市的创业者，化身成活跃在抖音、快手等短视频平台的带货达人。这些站长扎根互联网和社区，用简单直白的语言唠家常、拍车间短视频、演示包装使用场景，用最接地气的方式将专业的包装解决方案传递给客户。数据显示，该计划实施后，我们月均订单量暴涨，成功抢占了短视频电商包装服务的市场高地。

这套模式的成功印证了一个道理：在万物互联的时代，没有夕阳行业，只有固守成规的企业。就像养蜂人不能只盯着少数蜂王，我们也应注重构建完整的生态体系。"蚂蚁雄兵"策略的精髓，在于搭建"去中心化"的运营架构——将分散的渠道资源、个人流量、区域优势通过数字化中台进行高效整合。我们为合伙人提供标准化产品库、智能报价系统、一键代发服务，让每个个体都能以最小成本参与产业链。这种模式可以在全国各地助力中小企业主盘活闲置仓储资源，帮助返乡青年实现家门口创业。因此，企业只有因地制宜，将创新方法论与区域经济特色深度融合，才能真正提炼出属于自己的"生意经"。

在传统包材行业数字化转型的浪潮中，我们创新推出的"网红站长计划"，通过激活草根创业者构建起去中心化的流量网络。这个汇聚了多元背景从业者的生态体系，不仅改写了个体命运，更重塑了行业的获客逻辑。

1. 多元背景站长的破圈实践

我们按照站长的职业背景与转型路径，将典型案例划分为三大成长象限，每个象限都折射出不同的破局智慧。

（1）"草根"逆袭象限：从职场边缘到流量新贵。

建明的经历是"普通人逆袭"的典型例子。我们这位曾在张家口零下 20℃骑三轮车送货的前保安，2020 年加入绿橙时月收入仅 600 元。一次偶然的车间实拍视频爆火（500 万播放量）成为他人生的转折点。他敏锐地捕捉到中小商户对"源头工厂透明化"的需求，开创了"工厂 vlog + 场景化演示"内容模式：从塑料袋生产流程到电商打包技巧，每条视频都成为触达客户的信任桥梁。客户复购率达 68%，其中 32% 来自视频评论区咨询转化。

（2）传统转型象限：制造业老兵的线上重生。

拥有 10 年车间管理经验的赵厂长，带着"设备操作比拍视频简单"的认知误区起步，却在镜头前屡屡碰壁。通过公司培训，他找到了专业优势与线上传播的结合点——打造"工厂大叔教你避坑"人设，用"全新料与再生料对比""纸箱承重测试"等车间实操视频，将制造业的严谨性转化为信任资产。他的破局关键在于：聚焦餐饮、生鲜等对包装品质敏感的行业，3 万粉丝中 40% 转化为年采购超 50 万元的核心客户，合作周期平均延长至 2.3 年。

（3）跨界创业象限：退伍军人的身份化突围

只有初中学历的退伍军人小安，将"退伍不褪色"的精神内核融入内容创作，通过创业日记账号，用"创业 vlog"包材行业揭秘等真实记录打动观众。他的成功证明：在短视频时代，真诚叙事比专业技巧更具穿透力。

2. 从个体案例到方法论沉淀

这些看似独立的成长故事，实则遵循着统一的价值创造逻辑，我们将其提炼为"网红站长三要素模型"。

（1）认知破冰：打破行业固有思维

建明放下"体力劳动者"的身份顾虑，在视频中演示打包技巧，证明"传统岗位也能成为内容 IP"；

小安克服"短视频是年轻人专利"的偏见，用中老年客户更易接受的解说和娱乐表达方式，开辟了下沉市场新赛道。其实，当从业者从"产品推销员"转变为"价值传播者"，每个日常工作场景都能成为流量入口。

（2）体系赋能：轻资产创业的底层支撑

我们搭建的数字化中台，解决了底层创业者的三大痛点。

生产端：AI 设计模板让非专业人士 3 分钟便能生成定制方案；

交付端： 一键代发服务覆盖全国 98% 市（区、县），极速响应中小商户碎片化需求；

运营端： 提供爆款视频脚本库、客户沟通话术包等数据库，让零经验站长也能快速上手。正如赵厂长所言："我们不是一个人在战斗，背后是整个绿橙供应链在保驾护航。"

（3）复利增长：信任资产的长期积累

首先，是内容复利。网红站长"建明早期发布的车间视频，至今仍以每月 15% 的比例持续获取客户资料，成为"永动机式"流量源。

其次，是客户复利。小安通过朋友圈记录送货日常，将一次性客户转化为"社群传播节点"，每个老客户平均带来 3.2 个新订单。

最后，是品牌复利。站长们持续生产的短视频内容，累计在三四线城市形成 几千万次精准曝光，填补了传统电商的服务盲区。

3. 模式底层逻辑：构建去中心化价值网络

"网红站长计划"的本质，是将工业时代的"规模经济"转化为数字时代的"连接经济"，其核心优势体现在三个维度（见表 2-1）。

表 2-1 三个核心优势维度

价值维度	传统模式	"网红站长"模式	数据对比
获客成本	依赖展会／业务员扫街	短视频内容自然引流	降低 65% 获客成本
客户黏性	靠价格维系	用个人 IP 建立情感连接	复购率提升至行业 3 倍
市场渗透	聚焦一二线城市	深度触达县域及乡镇市场	三四线城市客户占比达 58%

这种模式不仅实现了商业价值，更创造了社会价值。正如我们的一位"网红站长"在内部分享会上所说："我们卖的不是包装，而是让每个小生意都能被看见的机会。"

2.3　72 小时交付体系：闪电战供应链管理

很多消费者在线上购物之后，都希望店家能同京东等电商平台一样，当天买的东西当天到或次日达。在这种背景下，企业会遇到一个头疼的问题："传统的交付模式根本跟不上客户需求！"确实，在如今快节奏的市场环境下，交付效率已经成为企业竞争的胜负手。

如果你是做 to B（企业客户）的，72 小时交付体系就像一套"闪电战术"，能帮助企业在时间与成本的战场上快速突围。

这套"闪电战术"并非纸上谈兵，它包含了产品交付的三大核心战场、柔性供应链的构建策略，以及军工级的标准化操作流程。环环相扣，如同精密运转的齿轮，共同推动企业在产品交付效率的赛道上加速奔跑。

接下来，我将为你逐一拆解这套体系的核心构成，从产品交付的三大核心战场入手，解析如何在时间与成本的博弈中抢占先机；再深入剖析柔性供应链的构建策略，探讨企业应该如何打造灵活高效的运营体系；最后揭秘军工级的标准化操作流程，了解如何用精确到分钟的执行标准，保障交付使命必达。

2.3.1　产品交付三大核心战场

1. 时间战场

时间就是生意的生命线。有一家调料品牌，起初客户经常因为交货慢而流失。后来该品牌学习电商平台经验，推出了"超时赔付"服务——承诺几天必达，超时就赔钱。刚开始团队都捏着一把汗，担心无法做到。没想到，这个破釜沉舟的决定反而让客户信任度飙升。三个月内，新客户主动找上门，老客户续约率也大幅提升。因此，在客户心里，准时交付产品比任何营销话术都具有说服力。

现在很多头部企业都在时间上做文章。比如某电商平台推出"半日达"，虽然物流成本增加了，但换来的却是用户忠诚度和复购率的显著提升。这就像外卖行业，送餐快的商家总能抢占更多市场份额。对制造业来说，快速交付产品不仅是履约能力的体现，更是抢占市场的核心竞争力。

2. 成本战场

只要和制造业老板聊天，他们都会提到一个问题：物流成本居高不下。我曾帮一家京津冀地区的企业做过测算，发现把货物分仓存放后，配送成本明显降了下来。以前货物都集中在一个大仓库，有些订单要跨几百千米配送；现在在区域内设置多个小仓库，根据客户位置就近发货，物流成本直接节省一大半。

这让我想起京东的物流布局。他们在全国建了那么多分仓，就是为了让货物离客户更近。其实制造业也一样，合理的分仓布局就像在战场上设立多个补给点，既能快速响应客户需求，又能降低运输损耗。不过分仓不是盲目设点，要根据订单密度、运输成本等因素综合考虑，不然仓库建多了，反而会增加租金和管理成本。

3. 服务战场

除了时间和成本，产品交付还有一个容易被忽视却至关重要的地方——服务。客户体验已经成为企业竞争的新焦点，好的服务能让产品交付成为二次营销的契机。比如，一家家电品牌，不仅准时送货上门，还提供免费安装调试服务，附带使用培训，客户满意度大幅提升，老客户转介绍率也水涨船高。在服务上，企业需要通过精细化服务，把产品交付的"最后一公里"变成与客户建立深度信任的纽带。

2.3.2 柔性供应链构建手册

要实现 72 小时交付，柔性供应链是关键。我总结了三个核心模块，如同搭建房子的三根顶梁柱。

1. 情报系统

打仗要知己知彼，做生意也是这个道理。我常跟身边的企业老板说，要学会当市场的"侦察兵"。以下四招能帮你快速摸透市场。

找卖点：别盯着自己的产品优势使劲吆喝，要去研究消费者到底想要什么。就像小米公司，每次推出新产品前，都会在论坛、社群里收集用户建成，把这些痛点变成产品卖点。

看规律：翻一翻过去的订单记录，哪些月份销量好？哪些产品卖得快？提前做好准备。比如每年"双十一"前，很多工厂都会提前囤货。

盯价格：原材料价格波动直接影响成本。有个做家具的老板，就因为没及时关注木材涨价，一单生意倒贴了不少钱。

用工具：学会利用 AI，借助 AI 分析数据，生成趋势报告。我认识的一个老板，用 AI 预测下季度流行色，生产出来的衣服很快就卖断货了。

2. 快速反应部队

市场变化比天气还快，企业得有一支"救火队"。一次，春节期间，我们接到一个餐饮客户的紧急订单，要在短时间内生产大量餐盒。当时工厂已经放假，但我们的 24 小时机动班组马上集结，生产线重新启动。平时我们就留了 10% 的备用产能，关键时刻派上了用场。这就像汽车的备用轮胎，平时看着没用，关键时候能救命。

3. "蜂巢式"物流网络

物流网络怎么布局？关键就是客户分布密度和区域集中度。订单越多，仓库覆盖范围不需要成倍扩大。举个例子，日均 100 单可能需要覆盖周边几百千米，日均 400 单也不用一下子扩到上千千米。另外，建仓库别跟风，要根据平时的订单量计算好仓库布局，像生鲜产品对配送时间要求高，布局时就得更谨慎。

2.3.3　军工级交付 SOP

仅有战略还不够，还需要有一套标准化流程。我们把交付流程拆解成两个关键环节，确保每个环节都精准到位。

1. 15 分钟报价机制

客户来询价，能不能快速给出合理报价，直接影响成交率。我帮一家机械厂设计报价系统时，用了一个公式：报价 = 成本 + 利润 + 加急费 + 服务费。一次，一个客户要货特别急，系统自动算出溢价，但因为报价及时，客户还是爽快下单了。

我们企业就是靠快速报价获得了大量优质客户。其实，每个客户来找我们定制包装的时候，价格只是其中一个决策因素，还有时间成本，报价越快越能增加合作成功率。当然，为了保证报价的准确性，还需要建立成本数据库，实时更新原材料价格、人工成本等数据。同时，对不同客户的需求进行分类分析，针对长期合作客户、新客户制定差异化报价策略。这样，15 分钟报价机制才能真正成为企业赢得订单的有力武器，为后续生产交付流程打下坚实基础。

2. 动态生产看板

生产过程就像打仗，每个环节都得看得见、管得住。用电子看板实时显示物料库存、设备状态和订单进度。库存用红黄绿三色预警，设备故障直接显示代码，维修人员一看就知道哪里出了问题。客户也能通过看板了解到订单做到哪一步了，心里踏实，合作自然更长久。

2.4 避坑指南：巨额亏损换来的生存法则

这些年在制造业圈子里摸爬滚打，见过太多老板拍着桌子说"早知道就不这么干了"。制造业的陷阱往往藏在那些"想当然"的决策里，我把自己和同行经历过的失败、流过的泪都攒成了经验，希望能让你少走弯路。

2.4.1　认知类陷阱：穿透商业表象的三重思维

1. 需求验证的"幸存者偏差"陷阱

有些老板看到某款产品爆火，就觉得"我也能行"，却没看到其成功背后是成百上千个失败经历。以前有个调料厂老板，看别人做"智能包装"上了新闻，二话不说就投了几百万元，结果血本无归。后来我们复盘发现，那些成功案例大多有特殊资源，比如绑定了大型商超或餐饮连锁，而中小企业根本没有这些资源。

为此，需要看透两大商业本质。

首先，需求不是"创造"出来的，而是"发现"出来的。消费者不会为"创意"买单，只会为"解决问题"买单。例如，我们曾帮一家餐饮品牌改良汤品包装，没加入任何高科技，只是把封口设计成"防漏双折线"，成本只增加了几分钱，却让客户差评率降了近三成——这才是客户真正的需求。

其次，别用"我以为"代替"客户真的需要"。有次客户说想要"带温度计的餐盒"，听起来很贴心，结果去后厨一看，师傅们都是直接用手试温，根本没人看温度计——这就是典型的"办公室创意"。

2. 创新与保守的"平衡悖论"

制造业创新就像走钢丝，往左一步是保守，往右一步是激进。我认识的一个老板，听了"可降解餐具是未来趋势"，便砸锅卖铁上了新生产线，结果政策落地慢，设备闲置了好几年。后来他自嘲："不是趋势错了，是我入场太早了。"

到底该如何做到创新与保守的合理化？创新要分"轻重缓急"，分小创新和大创新。

小创新：改改包装、优化流程，成本低、见效快，比如把快递袋设计成"可折叠收纳袋"，就能多卖几毛钱，客户还觉得实用；

大创新：涉及技术或模式变革的，一定要先"小范围试错"。我们曾经想推"智能仓储服务"，先找了 5 家客户试点，疏通流程后再推广，避免了大规模运行之后出现问题。

其实，保守不是坏事。那些在行业里扎根多年的合作伙伴，大多不是靠颠覆性创新，而是把一件事做到极致。

3. 数据迷信的"相关性谬误"

现在很多人开口闭口谈大数据，但数据会骗人。之前有个客户看"红色包装销量高"，就全换成红色，结果销量反而跌了。后来发现，红色包装卖得好是因为春节促销，和颜色没关系。

用数据的正确方式：先问"为什么"，再看"是什么"。我们推出新品时，会先做"盲测"：把产品给客户试用，不告诉他们任何信息，看真实反馈。

小样本数据要谨慎。曾经有个经销商说"年轻人都喜欢国潮包装"，但我们调研了几百个样本后发现，只有三成左右的人愿意多花钱买，而且大多是一线城市消费者——这才是真实的市场。

2.4.2 执行类陷阱：细节里的魔鬼

1. 服务过度的"沉没成本陷阱"

免费服务就像递出去的一根甘蔗，一开始客户尝到了甜头，后面你想收回就难了。有个企业，为了拿下订单，免费帮客户设计包装三年，后来实行收费时，客户都转而去找了别人。

免费的东西，人们往往不珍惜。我们现在推服务时，会先和客户说清楚："设计可以免费，但方案确认后要付全款，否则我们不启动生产。"这样筛掉了很多"只看不买"的客户，反而提高了效率。

把服务变成"增值选项"。比如我们推出"加急生产服务"，客户急单可以额外付费插队，既满足了需求，又增加了利润点。

2. 成本控制的"隐性成本冰山"

制造业的成本就像冰山，看得见的是原材料和人工，看不见的是沟通、试错、库存这些"隐性成本"。如果一个工厂为了节省采购成本，选了小作坊供应商，极易出现交货总是延迟，客户罚款加上返工成本，比省的钱还多好几倍。

真正省钱的正确逻辑如下。

算全链条成本。我们采购原材料时，会把运输时间、质检成本、售后风险都算进去，有时候看似收费高的大供应商，反而更加划算。

警惕"边际成本拐点"。有一次我们为了接大订单，临时招了一批工人，结果管理跟不上，效率反而下降，单箱成本比平时还高。这就是没算清楚"规模不经济"的教训。

2.4.3 生存法则：制造业的"底线思维"

1. 现金流第一定律

制造业倒闭的最大杀手不是亏损，而是现金流断裂。一个盈利的厂突然关门，就是因为客户拖款，加上自己扩张太快，资金链断了。解决办法如下。

现金是"氧气"，利润是"食物"。食物少吃点没事，氧气断了就活不了。我们每个月都会算"安全边际"，也就是现金储备能撑几个月的固定开支，低于三个月就会拉响警报。

别把钱全投在设备上。我身边总有老板为了扩大产能，把大部分钱都买了新机器，结果遇到市场波动，连工资都发不出。而现在我们坚持"三三制"：1/3 现金，1/3 流动周转，1/3 用于发展。

2. 客户结构的"生态位法则"

过度依赖大客户就像抱着一颗定时炸弹，而全服务小客户又像在沙滩上建房子。我们曾经也是八成订单来自一家大客户，结果该客户自己建了工厂，瞬间打乱了我们的生产计划。要实时了解企业客户结构动态变化，不要过度依赖某个客户。

3. 风险应对的"黑天鹅预案"

制造业的风险就像天气，没法预测但可以提前备伞。我们每年都会做"压力测试"，比如模拟"某大客户突然砍单""原材料暴涨"等情况，提前想对策。

具体做法如下：

① 列风险清单：把可能遇到的问题都写下来，比如物流中断、

政策变化等；

② 想应对方案：针对每个风险至少提前想出两个应对办法，比如原材料涨价，可以和供应商签"价格分摊协议"，或者开发替代材料；

③ 定期演练：每季度开一次"模拟危机会议"，让团队知道遇到问题该怎么处理。

本章小结

本章通过对传统制造业隐形赚钱逻辑的深入研究，为中小企业老板提供了从战略到执行的完整破局流程。利润跃迁公式、蚂蚁生态模型、军事化交付体系等，从不同角度为企业提供了破卷突围的方法和工具，帮助企业在激烈的市场竞争中实现新突破、新增长。希望制造业老板能够深入理解并运用这些策略和方法，开创企业发展的新局面。

章末思考

当同行还在比较"谁的厂房更大、设备更贵"时，为何不试试"把小订单当珍珠串成项链"？比如餐饮包装的解决方案能不能从"卖产品"变成"帮客户提升复购率"？生产线能不能像便利店货架一样，根据客户需求快速"重组陈列"？

商业竞争从来不是"硬碰硬"，而是"巧打巧"——您的企业，有没有把"看似琐碎"的客户痛点，变成他人无法借鉴、模仿的核心竞争力？

第3章
产品炼金术：传统行业里的厚利润革命

当下，传统制造业的生存艰辛远超预期。2024 年走访河北某精密加工厂发现，车间内抛光金属件堆积如山，但其全年净利润率仅1.7%。这正是当前众多制造企业的缩影——价格战迫使部分企业降低生产标准，陷入客户流失的恶性循环。

作为跨界转型制造业的电商企业负责人，我始终在思考如何打破"高投入、低回报"困局。通过实践总结出"价值重构"方法论。本章就来分享如何在固化市场中挖掘更多盈利空间。

3.1　定制化三板斧：AI 设计、柔性生产与前店后仓

3.1.1　AI 设计：从千篇一律到量身定制的逆袭之路

现在生意越来越难做，各大企业都在打价格战，结果谁都赚不到钱，还扰乱了市场。特别是千篇一律的产品，对消费者已经没有吸引力。这时候，AI 设计或许能帮助企业打破僵局，找到出路。

简单来说，AI 设计就是让电脑学会"读心术"。它能把网上各种各样的用户评论全都收集起来，分析出用户真正想要的是什么。

比如很多人在网上留言要"随便拼""不占地"的家具，AI 便会把这些模糊的想法，转变成可以生产的具体设计方案。这样一来，企业就能提前了解市场需要什么，不再盲目跟风生产。

以家具厂为例，如果用 AI 分析淘宝、小红书等的用户评论，发现年轻人都在讨论怎么灵活调整家具，那就可以推出能自由搭配的模块化沙发，让用户自己选颜色、尺寸。

AI 设计的用处可不只设计产品。在广告宣传方面，AI 能快速制作十几个版本的海报和视频，帮企业试出哪种风格最吸引客户。如化妆品品牌用 AI 模拟不同肤色的上妆效果，为每个用户推送专属广告，既精准又省钱。

当然，不能全然采用 AI 提供给的方案。比如客户想要"高大上"的设计，AI 可能给出金光闪闪加磨砂质感的方案，但这不一定合适。就像机械表厂家，顾客更看重工艺和品牌，要是强行加一堆智能功能，反而会适得其反，所以在实践中要结合行业经验灵活调整。

3.1.2　柔性生产：小批量快速反应的供应链革新

在消费者需求迭代迅速的当下，传统大批量生产模式逐渐失效，"小单快反"成为服装等行业的新兴范式。企业可将产品拆解为模块化组件，如衣领、袖口、面料等，通过标准化组合实现款式创新，50 ～ 100 件的订单即可启动生产流程。这种模块化生产不仅能满足客户多样化需求，还大幅降低了企业的试错成本。企业无需承担大批量生产滞销的风险，还能根据市场反馈快速调整产品设计和生产计划，让生产与市场需求实现精准对接。

若将区域内分散的小型加工厂整合为智能生产网络，依托工业互联网平台搭建数字化中枢系统，即可实现订单的智能动态分配。该系统通过物联网传感器实时采集设备运行数据，利用 AI 算法分析设备负载、工艺精度与人员技能矩阵，当监测到某环节产能饱和时，自动将后续订单分发至最优产线。

以某快时尚品牌为例，当某款国风刺绣连衣裙上线后，其销量突破十万件级爆单，系统立即启动应急响应机制：首先，联动供应商管理系统，根据库存预警自动向合作面料商下达加急采购单；其次，基于实时产能数据，动态调整各加工厂的生产排程，将复杂工艺拆解为模块化任务并行处理；最后，触发智慧物流系统，提前锁定货运资源并规划最优配送路线。得益于全链路数字化协同，从原料采购到成衣交付的全流程周期被压缩至 5.7 天，较传统模式效率大幅提升，就能精准把握国风服饰的市场爆发窗口期。

3.1.3 前店后仓：场景化交付重塑消费体验

时代变了，"守株待兔"的经营方式早已一去不复返了。如今，在街头巷尾的烟火气里，零售生意正在发生微妙变革。当社区便利店的老板们凌晨补货时发现，年轻人更习惯线上下单后顺路自提；当奶茶店的店员推着三轮车穿梭于夜市时，传统门店的功能边界正被重新书写——这一切都指向同一个趋势：零售场景正在从"货等人"的静态陈列，演变为"人找货"的动态连接。

"前店后仓"模式的核心，是让门店不再局限于货架陈列，而是成为"体验前场"与"履约后场"的融合体。走进瑞幸咖啡的快取店，你会发现这里没有舒适的沙发，只有少数用于排队等待咖啡的临时座位，店内大部分空间被咖啡机、冷藏柜和打包台占据。店员们忙着制作线上订单，骑手们频繁进出取餐，3千米内的订单平均18分钟就能送达。这种"去堂食化"的改造，本质上是将门店从消费场所升级为城市履约节点，就像把毛细血管延伸到消费最前线。

蜜雪冰城的三轮车摊位则把这种模式发挥到极致。在河南的乡镇集市、广东的夜市街头，印着"蜜雪冰城"的红色三轮车成了移动的销售窗口。门店白天是后厨，统一预制柠檬水、奶茶等爆款产品；傍晚则变身"街头前厅"，哪里有人流就出现在哪里。有店主分享：学校门口摆摊两小时，销量迅速提升，关键是不用付摊位租金，原料还能从门店直接拿货。这种轻资产模式让蜜雪冰城在下沉市场迅速铺开，很多县城的消费者第一次接触这个品牌，就是在放学路上的三轮车前。

这种模式的底层逻辑，是对"时间成本"的重新定价。便利蜂的社区门店里，货架旁多了一排生鲜自提柜，上班族下班到店后扫码就能取走提前下单的蔬菜水果。年轻人不愿在店里慢慢挑，但又担心网购生鲜不新鲜，自提柜正好解决了这个矛盾。便利蜂根据周边小区的订单数据，每天只配备最畅销的蔬菜，损耗率比传统超市低很多。这正好蕴含了零售的本质：谁能帮消费者节省时间，谁就能抢占先机。

我在深圳出差的时候，也见过一家社区便利店，老板娘很智慧，她手里有一本"需求账本"：3单元张阿姨需要无糖豆浆，5楼年轻妈妈常买婴儿湿巾，快递点旁的小哥总来买冰镇饮料……她把这些需求反馈给供应商，为此店里大多数商品都是周边居民常购的爆款。凡是开过超市的老板，应该有一个共鸣：以前总觉得仓库越大越好，现在明白最值钱的仓库，是客户心里的位置。

这些看似不同的形态，实则都在回答同一个问题：如何让"最后一公里"不仅是距离，更是温度？当门店学会用"前场"收集烟火气里的需求，用"后场"兑现触手可及的承诺，零售就不再是冷冰冰的买卖，而是融入生活的服务网络。正如社区里的老店之所以能长久生存，从来不是因为货架上的货品，而是老板记得你喜欢的口味——前店后仓的终极形态，或许就是让每个门店都成为"会思考的邻居"。

3.1.4 技术护城河：基于用户痛点的创新体系

在商业竞争的残酷法则中，有个不争的事实：企业购置何种设备、投入多少研发经费，都不及精准锚定消费者真实需求来得关键。产品研发的技术领先性，本质上是将创新基因深植于用户需求的土壤——这绝非简单的市场问卷调研，而是需要搭建一套动态、精准的需求捕捉体系。

学会从"麻烦"中找到技术突破口

2002 年，海尔的工程师发现，在山东农村，有农户用洗衣机洗地瓜。换作别的企业，可能觉得这是"不务正业"，但海尔的工程师却住进农户家里，跟着观察了三个月。他们发现，农户不仅用洗衣机洗衣服，还想用来洗地瓜、土豆等农作物，而传统洗衣机容易被泥沙堵塞。于是，他们专门设计了"大地瓜洗衣机"，加大了排水口滤网，还增加了"强力洗"模式。这款洗衣机上市后，在农村卖得特别好，农户们都说："这下洗地瓜不用手搓了，洗完还能接着洗衣服，方便多了。"

如何让用户的抱怨变成创新灵感

"好太太"晾衣架有个特别的习惯：把用户的抱怨当宝贝。客服每天都会收到各种留言，比如"阳台小，晾衣架摇起来太响""晒被子时横杆不稳""台风天担心衣服被吹跑"。他们把这些问题整理成清单，挂在研发部的墙上，让工程师对着用户的这些"麻烦"想办法：给晾衣架加了缓冲装置，摇起来更顺滑；设计了可折叠横杆，晒被子时能扩展；加固了卡扣，能扛住强台风。更贴心的是，他们在每个晾衣架的包装里放了一张"麻烦征集卡"，用户扫码就能反馈问题。这种"听用户抱怨、帮用户解决"的做法，让"好太太"晾衣架成了很多家庭的首选。

小生意也能有大创新

广州有一家做收纳箱的小企业，创始人在母婴店看到妈妈们选收纳箱时很纠结：不透气的怕发霉，太透气的又怕落灰。于是，团队花了半年时间，在箱盖边缘设计了可调节的通风孔，配了一个小拨片，潮湿时关上防霉变，干燥时打开透气，还印上了湿度提醒图标。就这么一个小改动，产品的销量迅速增长，妈妈们都说："用了这个收纳箱，再也不用担心衣服受潮了，也不用放樟脑丸了。"

浙江的一家纽扣厂，专门给童装做纽扣。有次听童装老板抱怨："家长总担心纽扣掉下后孩子误吞，投诉不断。"厂长回去后带着工人反复试验，最后想出了"隐形磁吸扣"：外观和普通纽扣一样，但里面加了磁铁，既牢固又容易拆卸。现在很多知名童装品牌都使用他们家的纽扣，厂长常说："小生意也要盯着小问题，解决好了就是大机会。"

在产品越来越多的今天，能真正懂用户、解决用户问题的企业，永远不会缺少市场。毕竟，商业的本质很简单：谁能帮用户解决问题，谁就能获得更多认可。那些隐藏在生活细节中的创新，最终会成为企业最坚实的"护城河"。

3.2　信任复利模型：1.38 元的报价斩获 80 万元订单

3.2.1　价格锚点背后的信任前置策略

在 2015 年的行业竞争环境中，一次具有转折意义的客户合作成为了我们定价策略探索的重要起点。当时，一位来自南方地区的度假村采购主管就无纺布袋定制事宜与我们进行了多次沟通。在前期交流中，对方对产品细节表现出浓厚兴趣，但每当进入报价环节，我们报了 1.38 元，沟通便陷入停滞。经过前两次的试探，我们决定采取一种截然不同的报价方式——在提供详细标准合同的同时，给出了高于市场平均水平的报价。这个在当时看似大胆的决定，却为我们开启了一段长期的合作关系。

首单合作的顺利达成以及后续多年的深度协作，让我们有机会深入复盘背后的商业逻辑。表面上看，是价格因素促成了交易，但实质上，客户从我们的报价中感受到了难得的真诚。在当时的行业环境中，"虚标高价再大幅折扣"的定价策略较为普遍，这种充满博弈性质的方式虽然可能在短期内吸引客户，但却难以建立真正的信任。而我们选择的透明定价模式，将不同档次产品的价格与工艺标准清晰呈现，如同为客户提供了一份详尽的产品价值说明书，让他们在决策时能够更加安心。这种做法实际上是将商业关系的基础从利益博弈转变为信任共建，为长期合作奠定了坚实基础。

进一步分析我们的定价策略，不难发现其中蕴含的锚定效应原理。在报价单的显著位置，我们设置了一款高端帆布袋产品，其定价反映了包括烫金提手、防水涂层等在内的高品质工艺。这款产品的主要作用并非直接销售，而是作为客户的"认知锚点"。当客户了解到高端产品的价值后，会自然地对基础款产品的价值进行重新评估。这种锚点的设置，不仅体现了我们对产品品质的自信，更通过坦诚的定价逻辑，向客户传递了我们对自身产品价值的坚定信念。

从商业本质来看，这种信任前置的定价策略，实际上是对信任复利模型的成功实践。在商业活动中，企业率先展现出的信任，虽然可能在短期内需要承担一定的风险，但从长期来看，却能够收获超出预期的回报。以我们与这位度假村客户的合作为例，首单合作不仅带来了可观的利润，而且在后续多年中持续创造价值。这种信任的力量如同滚雪球般不断积累，形成了强大的客户黏性和品牌口碑。

3.2.2　信任资产的复利效应

信任的价值，在时间的沉淀中展现出惊人的爆发力。2017 年在服务某烘焙品牌时，首单因工艺调试出现了 2 万元亏损。但我们没有放弃，反而主动邀请客户参观生产线，共同优化包装方案。3 年后，这个客户的累计采购额达到 127 万元。首单的亏损，最终被长期合作的丰厚回报覆盖，这就是客户生命周期价值（LTV）的现实演绎。

在乌卡时代（模糊性、易变性、复杂性、不确定性的时代），客户对品牌的期待早已超越单纯的产品交易。如我们服务的北京某连锁餐饮集团，最初仅采购了 6000 个手提袋。当他们发现我们在提手处嵌入防拉断的设计，这种对细节的极致追求，让客户意识到我们不仅是供应商，更是值得信赖的合作伙伴。随后，他们将 16 家分店的耗材订单，甚至中央厨房的包装业务都交给了我们。这种信任的递进，本质上是客户对我们"可靠性"认知的持续升级——从合格的供应商，到能够解决核心问题的战略合作伙伴。

实践证明，信任资产的积累需要系统化的经营。我们将包装盒的折痕精度控制在非常薄的水平，在原料采购时坚持索要每批次的检测报告，并通过短视频实时展示生产流程。这些看似微小的细节，在食品等对安全敏感的行业中，成为信任的"可视化语言"。当客户看到产品的每个环节都经得起推敲，信任便在潜移默化中扎根，进而转化为长期合作的坚定选择。

更重要的是，信任复利的核心在于构建"价值共生"的生态。我们每月组织客户探访，在奶茶店观察店员使用包装的痛点，在烘焙坊记录消费者对包装袋的反馈，这些一线观察不仅帮助客户优化产品，更让我们的解决方案始终贴合客户的真实需求。这种"从客户中来，到客户中去"的互动，让每一次交易都成为信任的增量——客户感受到被重视，企业则收获持续改进的方向，双方在合作中实现共同成长。

3.3　小客户大生意：街边摊到上市公司的覆盖策略

企业总盯着大客户的巨额订单，却忽略了背后漫长的账期和潜在风险。反观小客户，它们如同遍布市场的毛细血管，虽然单笔订单金额不大，却能带来稳定的现金流，一点点渗透市场。只要用心经营，那些看似不起眼的街边摊，也有可能成长为行业里的"潜力股"，最终汇聚成商业生态的坚实根基。

3.3.1　低端市场的"虹吸效应"

很多制造企业都一门心思地追逐高净值客户的"鲸单"。但我们却另辟蹊径，将目光投向广阔的下沉市场。这块看似不起眼的领域，实则蕴含着巨大的长尾需求。我们的业务渗透就像一张细密的网，用灵活的供应链承接无数小微订单，积少成多，构建起稳定的现金流；又像一块强大的磁石，吸引着长尾流量，在细分市场打造出不容小觑的品牌影响力。下面，就来解析我们在下沉市场的实战策略，以及如何将小订单转化为大商机。

1. 下沉方法论：性价比－质价比－心价比

"值得买"这件事，背后的门道可不少。产品的价值其实包含三个维度：物理价值、金融价值和情绪价值。就拿水杯来说，能装水解渴是它的物理价值；质量好、经久耐用，具备一定的保值属性，这是金融价值；而外观设计精美，握在手里赏心悦目，带来的情感满足，就是情绪价值。我们抓住这一点，从价值升级入手，把"性价比－质价比－心价比"的三重提升融入产品设计中，让普通的商品包装摇身一变，成为传递情感的载体。当包装盒开始讲述品牌故事，当瓦楞纸箱承载起品牌温度，低端市场就不再只是价格便宜的代名词，而是变成了充满价值的高地。我们用专业的工业设计赋予产品独特内涵，用包装语言重塑消费者认知，最终在消费者心里树立起品牌形象。

在县域经济中，产品的物理价值是立足的根本，金融价值能赢得客户信任，而情绪价值则是打开市场、吸引消费者的关键。我们通过优化供应链，降低成本，形成竞争优势；同时，根据不同场景设计包装，搭建起与消费者的情感桥梁。当街边摊贩的土特产装进定制礼盒，当普通塑料袋升级为印有品牌标识的专属包装，这种价值升级就会在下沉市场引发消费变革。小微客户的产品因此获得更高溢价，普通商品也实现了价值提升，在长尾效应的作用下，整个商业生态实现了良性发展。

蜜雪冰城的崛起就是一个很好的例子。早期，蜜雪冰城主打平价冰激凌和茶饮，凭借高性价比在下沉市场迅速铺开。但随着市场竞争加剧，单纯的低价已经不足以吸引消费者。于是，蜜雪冰城在保证产品质量的基础上，对包装进行升级。原本朴素的杯子印上了可爱的卡通形象和品牌标语，包装袋也采用了更亮眼的配色和设计。这些改变不仅没有大幅增加成本，反而还让消费者觉得产品更有品质感。如今，走在大街小巷，随处可见拎着蜜雪冰城包装袋的年轻人，这些包装已经成了品牌传播的重要载体。我们从中得到启发，为更多小微客户提供类似的包装升级方案，帮助它们在市场中脱颖而出。

我们公司楼下有一家餐馆，一次吃饭时发现，他们的外卖包装油渍斑驳，而且装外卖盒的塑料袋还在漏水，这不仅影响食物品质，还损害品牌形象。

一次偶然的机会，我忍不住向老板提出建议："这样的包装其实在无形中减少了您的利润。"老板很实在，当场就抛出3个关键问题：换包装要增加多少成本？能带来多大的体验提升？多久能看到效果？我直接回应："没有好包装，产品就很难进入品牌竞争的赛道。但如果把餐盒设计得有仪式感，让包装袋变成移动广告牌，顾客自然愿意光顾，复购率也会提高。"第二天，我带着精心设计的餐盒样品再次光顾该餐馆，老板看到盒盖上精致的设计，眼中满是商人的敏锐。这个案例生动展现了包装升级在下沉市场创造的商业价值。

2. 价值转化：从包装品牌化到全域升级

外卖市场竞争激烈，很多餐饮商家陷入价格战，利润越来越薄。我们提出用品牌化包装打破这一困境。我们采用高品质的包装材质，搭配前沿的设计，为每个餐饮品牌打造独一无二的视觉符号。包装盒上流转着虹彩的镭射烫印 Logo，体现环保理念的可降解材质，这些会"说话"的包装，不仅让商家摆脱了低价竞争，还能在消费者打开包装的瞬间，传递品牌价值。当消费者触摸到带有浮雕工艺的餐盒时，往往会不自觉地认可品牌的溢价。

比如老乡鸡，作为快餐行业的知名品牌，它在包装设计上就很用心。从简洁大方的纸质餐盒，到印有品牌故事的餐巾纸，每一个细节都在传递品牌的文化和理念。消费者拿到这样的外卖，感受到的不仅是一顿饭，更是品牌带来的独特体验。绿橙包装借鉴这样的成功经验，为餐饮商户提供模板化包装系统，开启品牌升级之路。原本普通的菜单变成了精美的折页图鉴，还附上了食材溯源二维码；外卖盒上的手绘插画不再只是装饰，而是生动讲述着产品背后的故事。当消费者被这样的"美食艺术品"吸引，纷纷拍照分享时，街边小店也能在城市的社交网络中崭露头角。

这种包装升级带来的影响远超表面。当绿橙包装的模块化包材应用到饮品杯套、定制湿巾等各个环节，商家收获的不仅是销售额的增长，更是品牌形象的全面提升。从体现环保理念的可降解餐盒，到印有暖心食谱的保温袋，每一次产品交付，都是品牌价值观与消费者的深度共鸣。消费者反复端详印有品牌故事的包装时，感受到的是品牌传递的情感和温度。

3.3.2　从"游击队"到"正规军"的进阶路径

我们对品牌的视觉识别、用户体验等方面进行标准化改造，全面提升商户的市场竞争力。借助数据分析，将每一次交易都纳入品牌价值传递体系，帮助企业在激烈的市场竞争中建立长期优势，实现从区域小企业到行业领先者的跨越。

在实际操作中，我们的专业团队会根据商户需求，灵活调整标准化框架与定制化方案。从包装材质选择到交付环节设计，每个细节都围绕品牌建设展开。我们建立的赋能体系，已经帮助众多中小型商户实现品牌转型。比如，让地方餐饮品牌拥有了统一规范的品牌形象，为传统美食搭建起现代化的传播渠道，在数字化时代找准自身定位。通过这一体系，商户的品牌知名度提高了，在消费者心中也树立起了独特的形象，实现了从单纯卖产品到输出品牌文化的转变。

以绝味鸭脖为例，早期其在市场上只是众多鸭脖品牌中的一个，门店形象和包装都比较普通。后来，绝味进行品牌升级，统一了门店装修风格，设计了独特的品牌标识，并在包装上采用醒目的配色和简洁的图案。这些改变让绝味在消费者心中留下了深刻印象，品牌影响力不断扩大，逐渐从区域品牌发展成全国知名的连锁品牌。我们参考这样的成功模式，总结出了"三维赋能模型"，为企业提供可复制的发展路径。

这个模型从品牌建设、运营优化、用户运营三个方面入手，帮助客户实现全面提升。

建立标准化产品体系：针对成长中的餐饮企业，我们提供模块化解决方案，包括品牌定位、视觉设计、用户体验等核心内容。通过预设方案，能快速帮助客户建立起标准化的品牌包装体系。

构建弹性供应链通道：考虑到中小企业的灵活需求，我们设计了柔性供应机制，即使是小批量订单也能得到专业支持。借助智能供应链管理系统，我们能快速响应订单，确保中小企业也能享受到优质的服务。

完善大客户服务体系：对于行业内的领先企业，我们提供全流程定制方案，从包装材料到环保指标，都严格符合行业标准。由专业团队组成的服务矩阵，持续为这些企业的发展提供支持。

这套三维赋能模型，就像三个不同的发展阶段，满足企业在不同时期的需求。从解决基本物料需求，到提升品牌竞争力，再到支持企业规模化发展，贯穿企业成长的全过程，不仅帮助商户提升了市场竞争力，也推动了整个行业的品牌建设。

通过这套"三维赋能模型"，众多小微商户在激烈的市场竞争中找到了破局之道。它们不再是被忽视的市场边缘力量，而是凭借独特的品牌形象和稳定的产品品质，成为行业中不可小觑的新生力量。未来，我们还将持续完善这一赋能体系，在服务小客户的道路上精耕细作，探索更多将"小生意"做成"大事业"的可能。

3.3.3 警惕"拔苗助长"式的促销

在商业竞争的汹涌浪潮中，促销常常被企业视为提升销量的"万能钥匙"，仿佛只要打出低价促销这一法宝，就能轻松打开消费者的钱包，实现业绩腾飞。然而，低价促销就像一把锋利的双刃剑，运用得当或许能带来短期效益，一旦使用不当，无异于饮鸩止渴、拔苗助长，最终会给企业带来难以挽回的后果。这种看似"捷径"的营销策略，实则是对市场规律的误读，也是企业在竞争压力下仓促做出的错误选择。

从实际效果来看，全球范围内的大量调查研究已经清晰地揭示出低价促销的局限性，甚至危害性。短期的低价促销的确能在短时间内刺激销量快速攀升，营造出一片繁荣的销售景象。但这种繁荣往往只是昙花一现，促销活动一旦结束，销量便会如同退潮般迅速退回原点。尼尔森发布的《2025中国零售渠道演变趋势》研究报告显示，约70%～80%的促销消费本质上属于存量需求转移。这就好比强行将幼苗拔高，表面上看生长得十分迅猛，可实际上根基并未真正稳固，无法支撑长期的、健康的发展。

进一步分析消费者的购买行为可以发现，大多数消费者只有在熟悉的品牌降价时才会出手购买，他们的目的更多是节省开支，而非真正对品牌产生了新的认同和好感。市场研究机构 eMarkete 在2023年公布的数据显示，美国零售业在大型促销活动中新增用户的平均留存率仅为11.3%。这意味着企业耗费大量精力和资源开展的低价促销活动，很难真正收获新顾客，品牌的影响力也无法得到实质性的拓展。更糟糕的是，频繁的低价促销可能会让消费者对品牌形成"廉价品"的固有印象，严重损害品牌形象。

低价促销带来的负面影响远不止于此，其背后还隐藏着高昂的成本。每一次大规模的低价促销，不仅会严重侵蚀企业的利润空间，还会对生产与分销物流环节造成巨大压力。德勤的分析指出，全国性的促销活动往往会使物流成本平均增加 25% ～ 35%。企业投入了大量的人力、物力和财力，却只能影响小部分既有的客群，通常只有 10% ～ 20%，投入与产出严重失衡。以某知名电器为例，在 2021 年"双十一"期间，格力投入超过 2 亿元的促销费用，然而最终线上销售额的增幅仅为 9%，这样的结果令人深思。

面对低价促销带来的种种弊端，部分企业管理者虽然已经有所察觉，却常常陷入两难境地。由于缺乏有效的替代策略，一些企业盲目依赖低价促销，形成了难以摆脱的路径依赖；而另一些企业在考虑削减促销预算时又犹豫不决，导致市场部与财务部之间产生激烈的决策拉锯战，企业发展陷入僵局。

如果任由这种情况发展下去，企业必将陷入恶性循环。过度依赖低价促销会扰乱原本合理的价格体系，损害品牌在消费者心中的高端形象，最终失去消费者的信任和市场竞争力。欧睿国际的数据显示，2020 年宝洁高端美妆的市场份额下滑了 1.7 个百分点，其中过度促销导致品牌价值被稀释是主要原因。

企业必须清醒地认识到，营销是一项需要立足长远的战略布局，应该摒弃这种拔苗助长式的低价促销策略，回归到产品研发和品牌建设的本质上来。

3.4　好生意的五个关键指标

3.4.1　满足成交三角模型

1. 成交三角模型解析

商业交易的本质，是在特定的时空环境下，实现供需双方的价值共振。成交三角模型就像一把精准的标尺，从动机、能力、触发物三个维度，构建起供需动态平衡的框架。动机是交易的原动力，源于客户的真实需求和市场趋势；能力决定了交易能否顺利完成，包括消费者的支付能力和使用能力；而触发物则是点燃交易的导火索，可能是一场促销活动，也可能是市场环境的突然变化。只有这三者紧密配合，才能促成交易，实现价值的有效传递。

2. 成交三角模型解码

动机、行动能力和场景触发构成了一个相互咬合的铁三角。动机指明交易方向，能力划定交易范围，触发物则是推动交易竞成的催化剂。

比如瑞幸咖啡，通过"每周上新"的策略不断制造新鲜感，满足消费者对尝鲜的心理需求；价格定位亲民，门店遍布写字楼和商圈，降低了消费者获取产品的成本；再结合节日营销、明星联名等方式，在特定场景下激发消费欲望。这三个要素协同发力，让瑞幸在竞争激烈的咖啡市场迅速崛起。

再以王老吉为例。王老吉精准抓住消费者"怕上火"的健康焦虑，将凉茶与火锅、烧烤等易上火的饮食场景深度绑定。在价格上，3～5元的亲民定价覆盖各类消费场景；销售渠道更是遍布大街小巷，便利店、餐馆随处可见。每到夏季，王老吉就推出清凉包装，搭配限时优惠活动，将消费者的健康需求及时转化为购买行为。罐体醒目的红色设计，也强化了品牌在消费者心中的认知。

3. 模型应用方法论

动机挖掘：通过分析消费大数据，区分用户的即时需求（如口渴想喝水）和情感需求（如通过购买某品牌来彰显身份）。比如喜茶推出联名款产品，就是抓住了消费者对个性化和社交分享的情感需求。

能力评估：结合不同地区的消费水平和用户生命周期价值，设计差异化的产品策略。像蜜雪冰城在下沉市场主打低价高性价比产品，而在一二线城市推出中高端子品牌极拉图、幸运咖等，满足了不同消费能力用户的需求。

触发设计：运用感官营销，在用户决策过程中设置多个记忆点。例如，海底捞通过热情的服务、独特的等位体验，让消费者对品牌印象深刻，下次聚餐时自然优先想到它。

4. 模型适用边界与风险防控

（1）同质化竞争引发的模式衰减。

当功能饮料市场出现红牛、东鹏特饮等众多品牌时，"抗疲劳"的核心卖点逐渐失去吸引力。产品外观相似、广告语雷同，导致消费者难以区分，最终影响购买决策。企业需要不断创新，挖掘新的消费痛点。

在这个边界下，企业还可能面临消费者审美疲劳的问题。当市场上同类产品频繁采用相似的营销话术和视觉设计时，消费者对触发物的敏感度会逐渐降低。

（2）消费观念革新带来的模式迭代。

随着健康意识的提升，无糖饮品成为新宠，传统碳酸饮料市场受到冲击。企业必须紧跟消费趋势，及时调整产品策略。比如元气森林凭借"0糖0脂0卡"的概念，迅速抢占市场份额，就是顺应了消费者对健康饮品的需求。

（3）技术迭代引发的模式颠覆。

随着AI、大数据等技术的快速发展，传统商业模式可能在短时间内被彻底改变。例如，生成式AI的出现，使得广告设计、客服等行业面临自动化冲击。

3.4.2 竞争免疫系数

在产品高度同质化的今天，仅满足成交三角模型只能算是商业竞争的入场券。想要脱颖而出，企业需要构建多维竞争优势。在包材行业陷入价格战、毛利率持续走低的困境时，我们迅速通过四维战略实现逆袭，下面详细分享具体思路和过程。

1. 产品破界：在细分赛道的蓝海中掘金

大企业擅长打全品类战争，中小企业则应聚焦细分市场。我们发现，食品企业对可降解包装有环保需求，美妆品牌渴望高端礼盒提升调性。于是我们推出了小批量定制服务，将品牌故事融入包装设计，从单纯卖产品转变为提供解决方案。这种精准定位，让我们在同质化市场中找到了属于自己的蓝海。

2. 技术筑墙：用专利壁垒重构行业规则

当同行还在比拼价格时，我们对生产线进行了改造，实现了"通货无门槛－小批量柔性生产－批量定向配送"的全周期服务；还通过技术优化，降低了餐饮门店一次性餐具成本，提升了环保性能，用技术优势赢得市场。

3. 故事赋能：让品牌成为价值观货币

在消费升级的时代，消费者不仅购买产品，更愿意为价值观买单。我们打造创始人 IP 矩阵，通过微电影、纪录片等形式讲述品牌故事，传递环保理念。同时，根据不同客户需求建立双轨服务体系，为中小企业提供智能诊断系统，为大客户配备专属团队，增强了客户黏性。

4. 模式升维：用平台思维打破产业边界

传统经销模式逐渐失效，我们创新推出了"网红站长"模式。邀请几十位事业合伙人组成"包装猎人"团队，他们既是需求收集者，也是销售终端。通过直播带货、社群互动，不仅扩大了我们的品牌影响力，还孵化出包装众创平台，实现了产业链上下游的协同创新。

3.4.3　现金流健康度

很多创业者认为，利润高，企业就能平稳发展。但现实中，不少企业看似盈利，却因资金链断裂而倒闭。因此，现金流才是企业的生命线，利润只是表象，现金流才是企业真正的"血液"。

1. 用数据看懂健康警报

判断现金流是否健康，重点要关注两个指标。

应收账款周转天数：反映客户付款的速度。如果企业回款周期明显长于行业平均水平，说明资金被客户占用时间过长，可能影响企业正常运营。

经营现金比率：用经营性现金流净额除以净利润，若结果低于0.8，意味着利润中有不少是"账面数字"，实际现金并未到账，企业需要警惕。比如，某制造企业应收账款周转天数远超行业平均水平，大量资金被客户长期占用，导致企业无法及时采购原材料，生产进度受阻，最终陷入经营困境。因此，定期监控这两个指标，能帮助企业提前预警现金流风险，及时调整经营策略。

除了关注应收账款周转天数和经营现金比率，企业还可以通过优化现金流结构来提升资金使用效率。例如，合理规划应付账款账期，在不影响合作关系的前提下，适当延长付款周期；加快存货周转，减少库存积压，让资金更快地流动起来，从而增强企业应对市场波动的能力。

2. 现金流比利润更重要

利润可以通过会计手段调整，但现金流是实打实的资金流动。就像一家生意火爆的餐厅，如果食材要现款采购，而顾客却长期赊账，一旦流动资金耗尽，即使利润再高也会倒闭。相反，现金流健康的企业，即便短期利润不高，也能应对风险，等待转机。此外，企业还可通过多元化融资渠道增强现金流韧性。除了传统的银行贷款，可尝试引入战略投资、发行债券，或利用供应链金融等新兴融资方式，拓宽资金来源，为企业发展注入源源不断的动力。

我们在打造第二曲线——箱办平台时，为了保障现金流，我们启动了内部股东二次投资。同时，我们还与金融机构建立战略合作，获得专项授信额度，当遇到季节性订单高峰或原材料价格波动时，能够迅速获得资金支持。这种多维度的现金流管理策略，让我们在市场竞争中始终保持稳健运营，为企业的长期发展奠定了坚实基础。

不仅如此，企业还应建立现金流应急储备机制。预留 3～6 个月的运营资金作为"安全垫"，以应对突发的市场波动或"黑天鹅"事件。同时，加强与金融机构的合作，提前申请授信额度，确保在资金紧张时能快速获得周转资金，真正将现金流健康管理落到实处。

3. 四步打造健康现金流

我们曾因客户拖欠货款而陷入生存危机，后来总结出一套有效方法。

重构付款规则：只对个别大型客户采用阶梯式付款，合同签订预付一部分，项目中期付一部分，验收后付清尾款。对信用不佳的客户要求全款预付，虽然会损失一些订单，但避免了坏账风险。

小批量定制服务采用全款预付模式：客户需在订单确认时完成全额款项支付，该机制有效规避传统分期付款模式下常见的"尾款难收"风险。服务流程包含需求深度沟通、专属方案设计、柔性化生产交付三大环节，全款支付既保障厂商优先配置专属产线资源，又能预防因尾款纠纷导致的订单搁置问题，特别适用于初创企业的试产需求、市场验证期的限量订单以及时效性强的短期项目合作，同时配套电子合同签署、进度可视化追踪、售后无忧保障等全流程服务。

动态客户管理：建立客户信用档案，用红黄绿三色标记风险等级。对高风险客户坚持现款交易，对优质客户适当放宽账期，并定期根据付款记录调整策略。

供应链协同降本：与供应商协商合理账期，优化库存管理，采用"以销定采"模式，减少资金积压，提高资金使用效率。

3.4.4 独特价值网

任何一家企业都不可能孤立存在于市场，而是嵌于复杂的价值网络之中。该网络涵盖供应商、客户、合作伙伴乃至竞争对手等多元主体，构成了企业生存与发展的基础环境。对于企业可持续发展而言，在价值网络中构建差异化竞争优势具有关键意义。若企业无法形成独特价值创造能力，将面临客户流失、市场份额萎缩的风险，最终被市场淘汰。

以 IBM 为例，在商用计算机领域发展初期，该企业凭借大型商用计算机系统确立了行业主导地位。其产品以卓越的计算性能、稳定性及安全性著称，广泛应用于金融机构、政府部门及大型企业的数据处理与复杂运算场景。然而，随着个人计算机市场的兴起，特别是家用笔记本电脑领域的快速发展，IBM 未能及时调整战略布局。由于对新兴市场趋势判断失误，企业固守传统商用计算机业务模式，错失了家用笔记本市场的发展机遇。

这一战略失误源于 IBM 对既有成功范式的路径依赖。大型商用计算机业务具有技术壁垒高、研发投入大、服务专业化等特点，与家用笔记本电脑在技术研发方向、客户服务模式等方面存在显著差异。前者侧重性能与稳定性，后者强调便携性、易用性与个性化；前者以定制化解决方案为核心，后者更注重标准化服务与售后响应效率。这种结构性差异导致企业在转型过程中面临巨大挑战。

与之形成鲜明对比的是苹果公司在家用笔记本市场的成功实践。苹果通过产品设计创新与生态系统构建，将 MacBook 系列打造成兼具工业设计美学与用户体验优势的产品。金属一体化机身设计、简洁易用的 macOS 操作系统及丰富的应用生态，共同塑造了差异化的用户价值，使其在竞争激烈的个人计算机市场中脱颖而出，并逐步成长为全球市值领先的企业。

3.4.5　可持续进化力

在瞬息万变的商业环境中，企业想要持续发展，必须具备可持续进化力。这种能力不是简单的业务扩张，而是从创始人认知到团队协作的全面升级，是让企业在浪潮中始终保持"生长姿态"的核心动能。

1. 创始人的自我精进

创始人的认知高度决定了企业的发展上限。作为创始人，我每年都会花大量时间参加行业峰会、企业家私董会，和不同领域的创业者打交道碰撞思维。2019 年，我曾参加一个跨境电商论坛，听到"Z 世代消费者更愿意为个性化包装买单"的趋势判断，我立刻意识到这是传统包材行业转型的关键契机。回来后带着团队调研三个月，果断地砍掉了 50% 的标准品生产线，进入 all in 小批量定制赛道。

这种持续学习的价值，还体现在管理思维的迭代上。参加一项培训时，学习到"人单合一"的管理模式，我深受启发。回来后试着在公司推行"扁平化作战单元"，把 300 人的团队拆成多个项目小组，每个小组都有独立的产品决策权。现在我出差半个月，手机里最多的不是业务请示，而是各小组发来的创新方案，基本不需要我操心。

唯有以永不停歇的创新驱动自我迭代，敢于突破传统桎梏，在行业赛道上开辟无人之境，才能率先锚定客户心智，构建不可复制的认知决策壁垒。我们通过请明星代言、做抖音矩阵（200 万＋粉丝）、引入 AI 设计，把自己打造成了"包材行业创始人 IP"典范，为同行树立榜样。每次参加行业展会，经销商老远就喊"包材大王来了"，这种个人 IP 的影响力，比传统广告投放有效十倍。这让我想起董明珠在格力的转型中，通过个人 IP 强化品牌科技形象的做法——创始人的自我精进，从来都不只是商业能力的提升，更是企业价值观的人格化表达。

2. 构建可持续进化能力的四大支柱

敏锐洞察，捕捉商机。企业的进化始于对"非共识机会"的捕捉。2016 年电商价格战打得最凶时，我们发现中小微企业既想要个性化包装，又付不起传统印刷厂的起订量。这个痛点催生了小批量定制模式，一下子激活了长尾市场。这种洞察能力，需要建立市场触角：定期的客户回访会、行业报告研读会，甚至客服记录的差评整理，都是我们捕捉商机的"雷达"。

MVP 验证，快速迭代。再好的想法也要经得起市场检验。我们开发 AI 定制包装系统时，先推出了极简版：客户上传产品图，系统自动生成 3 款基础设计。收集 100 多个客户反馈后，发现行业属性标签缺失是最大痛点，于是迭代加入细分设计模块。这种小步快跑的模式，让我们用不到传统研发 1/3 的成本，实现了技术落地。微信最初只是即时通信工具，通过不断叠加朋友圈、小程序等功能成为超级应用，背后也是同样的逻辑——进化不是颠覆式革命，而是持续的微创新累加。

团队协作，挖掘需求。一线员工往往是最贴近市场的传感器。我们有个客服小姑娘，注意到很多客户在咨询时会提到直播带货急需包装，于是主动整理出直播带货专属包装解决方案：醒目 Logo、轻量化材质、支持快速打样。这个方案后来成为我们新的增长点，小姑娘也因此晋升为产品经理。为了激活这种一线创造力，我们设立了金点子奖，每个季度评选出对业务有实质推动的员工创意，获奖者可以参与公司战略会议——这种"让听见炮火的人参与决策"的机制，让我们始终保持着敏锐的市场触觉。

持续学习，文化赋能。每个月都举办内部分享会，是我们坚持了 5 年的传统。从邀请行业专家分享前沿技术，到内部员工拆解失败案例，甚至组织团队去参观科技公司、手工作坊，我们始终相信：进化力源于好奇心。这种学习型文化，让团队不仅具备执行能力，更拥有"定义问题"的能力——当其他包材厂还在比拼价格时，我们就已经在思考"如何通过包装提升客户的品牌溢价"。

本章小结

本章聚焦传统制造业的价值重构，揭示低价竞争困局下的破局路径：通过 AI 设计捕捉个性化需求，以柔性生产响应碎片化订单，借前店后仓模式打通场景化交付，构建"信任复利模型"提升客户生命周期价值。同时强调小客户的长尾价值，以三维赋能模型助力其从"游击队"升级为"正规军"，并通过成交三角模型、竞争免疫系数等工具，系统提升企业在现金流、价值网、进化力等维度的健康度。核心在于以用户需求为原点，用技术与模式创新打破同质化僵局，在细分市场中开辟厚利润赛道。

章末思考

你的企业是否正处于价格战而找不到差异化切口？当行业陷入"成本－质量"的恶性循环时，你是否想过用 AI 设计来重新定义产品价值？面对小客户的零散需求，是选择放弃还是视为生态基石？或许真正的破卷密码，则藏在对"小需求"的敬畏里——那不是妥协，而是用显微镜级的观察，在传统行业的钢铁森林里，找到属于自己的价值裂缝。你准备好放下"规模执念"，在细分市场里找到自己的护城河了吗？

第4章
流量闪电战：草根逆袭的短视频爆款公式

4.1　玩转短视频自然流量

自然流量是玩转流量战的基础，也是短视频练手的基本功。不少中小企业老板在短视频运营上都陷入这样的误区：认为出资投流才是获取流量的王道，却忽略了自然流量这座"富矿"。就像我当初在包材行业创业时，也走过不少弯路，后来才发现，玩转短视频自然流量，关键在于打破固有思维，掌握核心方法。

4.1.1　打破流量认知局限，看清自然流量价值

很多老板常将短视频运营简单粗暴地等同于付费推广，认为只有真金白银投入宣传才能获得有效传播。殊不知在短视频生态中，自然流量获取能力才是企业应当修炼的核心内功。

以我为例，从在淘宝网站开通包材网店到打造抖音账号矩阵，自然流量一直是我们业务增长的重要动力。早期在淘宝，我们凭借独特的产品和精心的店铺展示，吸引了不少自然流量，接到了像金

士顿 U 盘定制包装这样的大单。在抖音上，我分享创业故事和行业干货的视频，也凭借自然流量收获了大量粉丝，这些粉丝转化为实实在在的客户，为我们的业务带来持续增长。

这让我想起老乡鸡的案例。作为安徽本土快餐品牌，老乡鸡没有像其他餐饮品牌那样大规模投流做广告，而是通过短视频记录厨房日常、食材采购过程以及员工工作状态。有一条视频展示了员工凌晨去菜市场挑选新鲜蔬菜的场景，真实且接地气，引发了大量用户共鸣，单条视频播放量超千万。这种自然流量带来的不仅是曝光，更是消费者对品牌"新鲜、放心"的信任，直接转化为门店客流量和销售额的增长。因此，自然流量背后蕴藏着巨大的商业价值，关键在于企业如何挖掘和利用。

4.1.2 把握自然流量核心要素，打造爆款内容

1. 制造算法"惊喜"，提升视频曝光

抖音算法就像一个"好奇宝宝"，喜欢有新鲜感、能引发互动的内容。要想让算法青睐你的视频，就要学会制造"意外"。比如五金店老板随手拍工人安装门锁的视频，意外触发"技术流"标签，带来大量精准客户。在实际操作中，我们可以从视频的选题、拍摄角度、剪辑手法等方面入手，让视频有独特的看点。

我们在指导网红站长们制作视频时，会强调要抓住产品或服务的独特之处。比如我们包材行业网红站长会拍摄一些独特的包装工艺展示视频，像复杂的印刷过程、特殊的折叠技巧等，这些新奇的内容更容易吸引用户停留和互动。同时，记住三个关键数据指标：用户停留时长超过 7 秒、完播率达到 30%、互动率在 5% 以上，朝

着这些目标优化视频内容。

2. 输出价值内容，增强用户黏性

用户刷短视频，不仅是为了娱乐，还希望能从中学到东西。杭州面馆老板通过分享"面条冷知识"火爆全网，我们中小企业老板也可以借鉴这个思路，结合自己的行业，输出有价值的内容。

某甄选平台的直播间不是单纯地卖货，而是通过主播们富有文化内涵的讲解，把产品背后的故事、知识传递给观众。比如讲解农产品时，会介绍产地的历史文化、种植知识；卖书籍时，会分享书中的经典内容和阅读感悟。这种知识型带货模式，为用户提供了独特的价值，吸引了用户长时间停留观看，不仅提升了商品销量，还积累了大量忠实粉丝。因此，在短视频内容创作中，要注重价值输出，满足用户的精神需求，才能增强用户黏性。

3. 场景化内容打造，让用户身临其境

把营业场所变成内容工厂，通过场景化的内容展示，让用户更直观地了解产品和服务。苏州有家汽修厂在客户休息区直播维修过程，开设"师傅说车"小课堂，这种真实的场景展示，让用户感受到店铺的专业性和透明度，转化率大幅提升。

我们新餐盒工厂（合塑未来）开业后，就通过拍摄工厂生产环境、餐盒制作流程、设计师与客户沟通设计方案等场景化视频，让客户更深入地了解我们的定制服务。从原材料的选择到成品的制作，每一个环节都展示给用户，增强用户对产品的信任感。

而海底捞在这方面更是典范。他们通过短视频展示顾客在店内享受服务的全过程，如美甲、擦鞋、免费零食供应等特色服务场

景。这些视频让用户提前感受到海底捞的贴心服务，吸引了大量消费者到店体验。场景化内容的魅力在于，它能让用户产生身临其境的感觉，激发用户的消费欲望，同时也为品牌树立了鲜明的形象。

4.1.3　系统化运营，实现自然流量裂变增长

1. 建立内容生产体系，稳定输出优质内容

对于中小企业来说，建立一套高效的内容生产体系至关重要。在内容生产线搭建初期，要做好拍摄动线规划和员工内容培训。就像烘焙店找到西点制作的黄金拍摄机位，我们也要根据自己的业务特点，找到最具吸引力的拍摄场景和角度。

同时，把员工变成内容创作者。通过培训，让他们掌握基本的拍摄技巧、话术设计和互动方法。我们在培训网红站长时，会教他们用简单易懂的语言讲解产品知识，并设置一些互动环节，比如提问、抽奖等，提高视频的趣味性和互动性。

这方面，胖东来超市做得非常出色。他们鼓励员工拍摄超市日常工作场景、商品陈列技巧、服务顾客的温馨瞬间等视频。为了保证内容质量，超市还会定期组织员工培训，提升员工的拍摄和创作能力。这些来自一线员工的真实视频，展现了胖东来优质的服务和商品，在短视频平台上积累了大量粉丝，进一步提升了品牌影响力。

所以，企业要实现自然流量的持续增长，需要建立全员参与的内容生产体系，充分发挥员工的创造力。

2. 多场景测试，找到流量密码

在流量引爆测试阶段，尝试五类必拍场景：产品诞生记、客户

见证录、专业小课堂、团队故事会、热点巧嫁接。我曾刷到佛山一家瓷砖厂把质检过程拍成"大家来找茬"挑战赛，就是成功运用场景化内容的案例。

我们可以根据自己的行业特点，对这些场景进行创新和优化。比如餐饮行业可以拍摄美食制作的全过程，邀请顾客分享用餐体验；教育行业可以录制老师讲解知识点的视频，分享学习方法和技巧。通过不断测试和优化，找到最适合自己的流量密码。

例如，瑞幸咖啡在推出新品时，会通过短视频矩阵（平均每条产品线测试几百条短视频内容）展示新品的研发过程（如与 IIAC 金奖咖啡师联名研发场景）、原材料选取（如埃塞俄比亚日晒咖啡豆溯源实拍）、制作工艺（包含 18 道冷萃工序的微距拍摄）等"产品诞生记"内容，同时邀请不同圈层消费者进行多维度试喝体验，制作涵盖办公室、通勤、居家等多种生活场景的"客户见证录"视频。

3. 数据驱动运营，实现精准优化

建立"内容－流量－转化"数据看板，通过数据分析了解用户行为和喜好，优化运营策略。我有一个开母婴店的朋友，他们通过数据分析发现，下午 3 点发布育儿知识视频转化率最高，附带门店招牌的视频进店率提升 27%。我们也可以通过分析视频的播放量、完播率、互动率、转化率等数据，了解哪些内容受欢迎，哪些环节需要改进。

例如，如果发现某条视频的播放量高但转化率低，就要分析是不是视频内容与产品转化的衔接不够好；如果某个时间段发布的视频流量高，就可以在这个时间段集中发布视频。通过数据驱动运营，实现自然流量的精准优化和裂变增长。

4.1.4　破除运营误区，走向长效发展

有些老板在短视频运营中存在一些误区，阻碍了自然流量的获取。比如，认为只有专业团队才能产出好内容，其实像机械厂老板用手机拍摄工人工作场景，反而吸引了大量目标客户。

需要注意的是，流量好并不等于转化好。我们要深入了解用户的需求，制作真正能促进转化的内容。就像服装店调试试衣间灯光的视频比穿搭教程转化率高，是因为更贴近用户实际需求。破除这些误区，才能在短视频自然流量运营上走得更远。

以鸿星尔克为例，在河南暴雨期间，鸿星尔克因捐款引发关注，大量用户涌入其直播间。但鸿星尔克没有盲目追求流量，而是保持理性，注重产品质量和服务。他们通过短视频展示产品的制作工艺、质检流程等内容，让用户了解产品的品质，进一步增强用户对品牌的信任。这种不被流量冲昏头脑，注重长期发展的理念，值得中小企业学习。企业在短视频运营中，要避免陷入追求短期流量的误区，而是要以用户需求为导向，注重内容质量和品牌建设，实现可持续发展。

4.1.5　构建长效运营机制，持续挖掘流量价值

1. 内容产品化，让流量产生多重价值

把爆款视频变成服务环节，实现内容的产品化。深圳有一家健身房把"体态评估"过程拍成视频，既吸引了客户又能作为教学内容。我们可以将产品的特色服务、优势工艺等制作成视频，让用户通过视频更直观地了解产品和服务，同时也能为企业带来额外的

价值。

在包材行业，我们将定制包装的设计流程、印刷工艺展示等制作成视频，作为客户了解服务的一个窗口。这些视频不仅能吸引新客户，还能让老客户更深入地了解我们的服务，提高客户满意度和忠诚度。

比如，海尔通过短视频展示家电的安装、维修过程以及售后服务团队的工作日常，将这些内容打造成服务宣传的一部分。用户通过观看视频，对海尔的服务有了更直观的了解，增强了对品牌的信任。

2. 流量资产化，积累企业数字财富

建立企业视频素材库，按场景、人物、工序等分类存储。这样在制作新视频时，可以快速调用素材，提高制作效率，同时也能保证内容的质量和风格统一。

小米在这方面做得非常出色。他们建立了庞大的视频素材库，涵盖产品发布会、用户评测、技术讲解、企业文化等多个方面的内容。在制作短视频时，小米能够快速从素材库中选取合适的内容进行剪辑和加工，大大提高了内容生产效率。同时，这些素材也成为小米品牌宣传和用户沟通的重要资源，帮助小米在短视频平台上保持持续的影响力。

3. 运营生态化，全员参与流量建设

有一家 4S 店给销售人员定制个人 IP 孵化计划，结果单月自然线索量直接翻番。在我们的团队中，我也一直鼓励每个网红站长打造个人 IP，分享自己的创业故事、行业经验和产品知识。通过这种

方式，不仅能增加个人影响力，还能为企业带来更多的自然流量，形成一个良性循环的运营生态。

例如，西贝莜面村鼓励员工在短视频平台上分享自己的工作日常、美食制作过程以及与顾客的互动故事。员工们的真实分享，展现了西贝的企业文化和服务特色，吸引了大量用户关注。同时，员工也在这个过程中积累了粉丝，提升了个人价值。这种全员参与的运营模式，让西贝在短视频平台上形成了强大的传播力和影响力。

4.2 从 0 到 100 万粉丝的投产验证模型

免费自然流量是短视频运营的基础能力，但随着平台规则、同行增多等多个因素的出现，会变得越来越难。盲目追求自然流量所产生的隐性成本显著增高，比如同样质量的视频流量越来越少，使得企业会花更多资金购买专业设备或需要投入更多时间优化细节。那该怎么办呢？

通过付费流量构建战略缓冲机制：前端依托智能竞价体系平衡内容质量与获客成本，中台采用用户生命周期价值预测模型锁定高净值潜在客群，后端配置标准作业程序实现线索培育全周期管理。以付费流量为战略基点，通过实时投产比监测体系持续优化转化路径，系统化整合高价值流量矩阵。这种付费流量与自然流量的协同范式，既能突破随机分发机制的效率瓶颈，又可依托数据回传机制驱动内容优化，达成精准用户的规模化转化。

下面将系统阐述科学投产模型的建构逻辑。

4.2.1 2500元撬动10倍投产的闪电战案例

2025年上半年，我率领团队开启"爆款视频复投模式"实战测试，剑指流量洼地。通过解析爆款视频的流量密码，以2500元预算为杠杆，精准制导目标用户群体，最终撬动3万元成交额，实现ROI超10倍的价值裂变。在历时3个月的投放攻坚中，我们依托用户行为数据的深度解码，完成广告创意的动态进化，成功验证了"低成本撬动高回报"的流量密码。这场数据驱动的流量突围战，不仅打通了爆款复投的商业闭环，更构建出可规模复制的增长飞轮，为全域流量运营夯实战略地基。具体实施路径分为三步：

第一步，勾勒用户群体特征图谱。通过多维数据建模，精准锚定30～40岁男性创业者集群。这类人群具有鲜明的创业基因——渴望在短视频红利浪潮中实现人生突围，对轻资产创业模式保持高度敏感。我们在画像建模时深耕创业孵化、商业思维等垂直领域，构建出颗粒度精细的用户需求坐标，聚集唯一的目标——包材网红站长。

第二步，锻造内容生产流水线。基于用户痛点的精准制导，我们搭建起创意工坊体系：一方面，通过脚本工程师团队打造需求导向型内容，同步启动A/B测试矩阵实现素材的迭代进化；另一方面，深度解码抖音、视频号等平台的流量风向标，将热点趋势熔铸进创意生产链路。在文案测试过程中，我们曾遭遇"招募"违禁词拦截，在反复压力测试中最终破译了平台审核密码，将关键词替换为"找到"，成功开启流量闸门。

第三步，构建沉浸式场景空间。在视觉呈现维度，我们采用场景化叙事策略：镜头穿梭于智能化包装生产线与创业者实战现场，通过"产品实拍 + 创业者生态"的蒙太奇剪辑，编织出商业闭环的具象图景。我本人手持包装样品进行动线演示时，特意保留工作场景的原始质感，让价值主张穿透屏幕直抵用户心智。投放期间建立了数据驾驶舱，实时捕捉转化漏斗的微妙变化，让每笔预算都化作精准的流量子弹。

4.2.2　精准流量分层漏斗：6 天加私 500 人的底层逻辑

通过付费投流搭建立体化流量分层漏斗模型，在 6 天运营周期内成功沉淀 500+ 高净值用户至私域生态。针对私域用户群体实施精细化分层管理，划分为强意向客户（L1）与潜在客户（L2）双层级运营体系。

对于 L1 级用户，我们量身定制行业解决方案深度对接需求，实现精准需求破冰，立即成交；针对 L2 群体则采用价值培育策略，通过系统性推送行业白皮书、客户成功案例等内容，实施高频次触达。

运营数据显示，L1 层级客户转化率突破 80% 阈值，L2 用户经过 7 天定向培育后意向指数提升 30 个百分点，最终驱动全域转化率攀升至 55% 新高。这种双螺旋运营架构不仅实现了高价值用户精准捕获，更构建起可持续的流量增长飞轮。

在抖音、视频号等公域平台导流实践中，我们沉淀出双 SOP 运营范式：其一，即时响应体系，要求客服团队配置标准应答模板库，实现秒级响应机制，特别针对焦虑型用户设计安抚话术，将平均应答时长压缩至 28 秒内；其二，内容价值体系，通过 3×4×3 内容矩阵打造专业 IP 形象（30% 行业趋势研判 +40% 客户成功案例 +

30% 解决方案解析），每日确保一到两条高质量视频内容输出。

基于 200+ 实战案例验证，我们提炼出黄金运营法则：内容策划必须直击用户决策三角（痛点×痒点×兴奋点）、用户互动需构建 5 分钟响应护城河、价值输出要保持"日更＋周迭代＋月升级"的内容节奏，由此实现私域用户的阶梯式价值转化。

4.2.3 1∶10 投产比背后的商业洞察

1. 切忌盲动冒进，当寻觅契合自身特质的机遇

我曾面试过一位有意向加盟我们网红站点的创业者，他的经历让我至今印象深刻。早些年他看好网红汉堡的风口，拿出多年积蓄在商圈开了一家加盟店，本想着借品牌热度能赚上一笔，结果现实却泼了冷水。选址时他只盯着人多的地方，没算清楚租金和客流转化的账，加上汉堡原材料供应链不稳定，食材新鲜度和成本都没控制好，不到半年店就开不下去了。

歇业后，他认为麻辣烫受众广、门槛低，于是又盘下一家店面改做麻辣烫。这次他选了社区周边，想着贴近居民日常消费。可新问题又来了，麻辣烫看着简单，汤底口味、食材搭配、出餐速度都有讲究，加盟店总部支持没跟上，他自己又缺乏餐饮运营经验，招聘的几名员工管理起来也麻烦，每天一睁眼就是人工、房租、食材的开销，压力特别大。

这名创业者的遭遇在创业圈很常见。就像前几年瑞幸咖啡快速扩张时，不少人跟风加盟，后来才发现，瑞幸的成功靠的是强大的供应链和数字化运营能力，普通创业者很难复制。而蜜雪冰城能在下沉市场站稳脚跟，靠的是极致的成本控制和标准化流程，从

原材料采购到门店运营都有一套成熟体系，这可不是随便租个店面、招几名员工就能学会的。

后来这名创业者找到我，想了解站长合作的流程。我们聊了很久，我跟他说："加盟创业就像打仗，得先把情况摸清楚。选址是否适合目标客群，总部支持能不能落实，自己的资金能不能扛过前期投入，这些都得一点点算明白。"中年创业不像年轻人有太多试错机会，每一步都得稳扎稳打。那些成功的连锁品牌，看着模式好、品牌响，背后都是无数次对成本、效率、用户需求的打磨。

创业没有捷径。如果真想在加盟赛道试试，别着急掏钱，多去目标品牌的门店蹲点，跟店长、顾客聊聊，了解真实的运营情况。算算自己的资金能不能覆盖前期投入，有没有能力处理可能出现的问题。这名创业者后来也想通了：加盟不是搭便车，得自己全身心投入，把每个环节都吃透，才有可能成功。

当前，私域流量黄金时代正悄然落幕。三年前抖音粉丝单价7分钱，私域导流成本不过3杯奶茶的价格。而今精准获客单价跃升17元仍属行业洼地，淘宝单价80元、拼多多60元已成铁幕价码，成交转化更需百元之高。布局私域这件事已经进入倒计时阶段了，要知道，流量争夺战永远不会停歇。

2. 快鱼吃慢鱼的流量鱼塘

单纯的低流量成本难筑护城河，更需要抢占流量加速度。当竞品间成本相当时，获取速度每快一分，便能率先形成商业势能，以雷霆之势鲸吞市场份额。创业初期，我们曾寄厚望通过短视频矩阵收割自然流量，却陷入涨粉迟缓的泥沼——看似免费的流量背后，时间成本与机会成本正疯狂吞噬投入产出比。反观精准投放虽需真金白银，却能直击目标用户靶心，转化引擎轰鸣间已实现价值裂变。

4.3 爆款短视频的"3+N"工业化生产模型

在 4.2 节揭示的百万粉丝增长模型中，爆款短视频如同精准制导的流量导弹，其投产验证机制已得到完整论证。本节将深入解构这类爆款视频的锻造密码——基于两年创作实践与投流实测，淬炼出的"3+N"工业化生产模型。

该体系以三大战略支点（产品价值锚、案例穿透力、人格化 IP）为底盘，叠加 N 种战术变量（场景重构、情感共振、热点借势），通过模块化组合实现创意裂变，直达用户决策神经中枢。

4.3.1 产品线：打造百变场景剧场

流量泡沫比没流量更可怕。短视频平台就像一个大赌场，大家都在追热点、玩套路，看着数据好看，其实是在给自己挖坑。用户画像稀里糊涂，转化链条七零八落，等平台流量一收紧，几十万粉丝瞬间就没了。我自己就吃过亏：以前做创业类账号，折腾了好几个号，粉丝加起来也有几万人，但他们都是来看热闹的，根本不是目标客户。最后，只能把账号全部注销。后来我想明白了一个道理：产品才是核心，场景才是王道。

我们开始用塑料袋当"教具"，把小批量包装定制的理念，通过短视频场景化呈现。比如用微距镜头拍摄塑料袋的材质纹理，让人一眼看出质量；用慢动作展示重复折叠，传递环保理念；节日时设计限定包装，搭配蒙太奇剪辑，把产品变成情感载体。就像元气森林，早期靠日系包装快速打开市场，后来转向新中式包装，通过包装设计传递"中式健康饮品"的概念。还有喜茶，和潮玩联名，推出酷黑主题饮品和周边，把产品变成潮流符号。

这些都是通过场景化设计，把产品从功能品变成"有故事的商品"。把产品核心价值融入场景，让用户在场景中感受到产品的实用性和情感价值。

比如我们卖塑料袋，直接拍"如何用塑料袋收纳羽绒服""食品保鲜小技巧"，甚至"塑料袋 DIY 创意手工"。这些场景既展示了产品功能，又传递了生活方式，用户看了觉得有用，自然会关注你。总结下来，场景化营销有三个关键点。

一是产品即内容。用镜头语言展示产品细节和使用场景，比如微距镜头拍材质，慢动作展示功能。

二是场景即需求。分析用户痛点，设计针对性场景，比如节日包装、收纳技巧。

三是情感即共鸣。通过故事化叙事，赋予产品情感价值，比如环保理念、节日祝福等。记住，流量会变，但用户对产品的需求和情感共鸣是永恒的。把产品融入场景，用场景传递价值，这才是短视频传播的生存之道。

4.3.2 案例线：大客户见证与站长造富故事

我们短视频的故事生态主要依靠两大模块支撑：一是网红站长的创业致富故事，专门吸引志同道合的小伙伴加入成为合伙人；二是和行业精英合作的成功案例，用来吸引那些有潜力的大客户。

1. 标杆站长的财富裂变密码

在"一箱办"平台战略下，我们培育的标杆站长正以智能流量引擎为核心，构建从获客到转化，再到复购的增长飞轮，如图 4-1 所示。

图 4-1　网红站长利润增长飞轮

以网红站长大韩为例，这位曾在传统包材行业摸爬滚打多年的创业者，通过我们的赋能体系实现了质的飞跃：全网粉丝突破 50 万，私域沉淀超万名高净值用户，2024 年度创收突破 30 万元。他的成功源于对"内容即信任"的深刻理解——通过拆解餐饮包装的防潮技术、分享定制化解决方案的落地案例，将专业知识转化为用户可感知的价值。

2. 流量裂变的可复制模型

另一位典型案例是网红站长鱼哥，他从月收入 5000 元到 3 万元的蜕变轨迹，验证了我们流量裂变模型的普适性。鱼哥聚焦电商包装细分领域，在短视频中用"1 分钟看懂包装袋抗压测试"等实用内容吸引精准客户，同时通过私域社群提供包装成本优化方案，将粉丝转化为长期客户。目前，其私域用户数正从 4600 向 1 万跃进，成为新晋网红站长们的学习榜样。

3. 数字化转型的情感赋能

传统企业做数字化转型，不能只盯着流量和数据，更要学会用情感打动客户。就像雷军做产品时总说"要先让用户心动"，转型的关键是把技术变成能让人感知的"情感符号"。

举个真实例子，老乡鸡这几年火起来，不只是因为鸡炖得好，更在于它把数字化用出了"人情味儿"。新冠病毒疫情期间，别的餐饮品牌忙着推优惠，老乡鸡却拍了一条"董事长手撕联名信"的视频——没有华丽特效，只有创始人坐在农家桌前，用方言说："再难也不涨价。"这条看似"土味"的内容，却迅速让用户记住了该品牌。后来，他们上线小程序点单，界面设计得像自家厨房菜单，连"加辣"按钮都配了一个冒着热气的辣椒图标，这种设计细节让用户觉得亲切，下单率比传统界面高了不少。

数字化不是花钱买软件。蜜雪冰城的"雪王"IP，原本只是个卖冰激凌的 Logo，通过短视频讲述它"翻山越岭找好原料"的故事，把品牌变成了"会讲故事的朋友"。现在很多小店跟着学，用手机拍"老板凌晨选菜""阿姨手工包馄饨"的视频发抖音，评论区常有人留言："看着就放心，想来尝尝。"这就是用情感给数字化转型做加法——技术是骨架，情感是血肉，缺一不可。

所以别把转型想得太复杂，先问问自己：你的产品能让用户"心动"吗？能不能把生产线的温度、创业的故事，通过手机屏幕传递给客户？哪怕只是在订单短信里加句"您订的货正在精心准备中"，也比冷冰冰的物流通知更让人舒服。数字化时代，真正的竞争力，藏在技术背后的"人心"里。

4. 财富创造的可视化坐标

我们打造的 IP 矩阵以"30 万元创收标杆、200 万 + 粉丝生态、80% 留存实证"为核心指标，形成可视化信任坐标。这些数字背后，是对用户终身价值的深度经营：核心用户留存率稳定在 80% 高位，全域复购率保持在 45% 黄金区间，新客获取效率提升 3 倍以上。

5. 从案例库到生态系统

后续我们将以小谷姐姐等标杆客户为蓝本，推出多元化商业影像：创始人对话、门店探访、创业故事等形态，全方位展现包装解决方案价值。例如，针对餐饮行业推出的"外卖包装防洒漏实战指南"系列短视频，通过真实场景还原和数据对比，让客户直观地感受产品价值。这种沉浸式内容营销，正在激活潜在客户共鸣，驱动生态良性循环。

6. 信任的终极形态是情感共振

在算法主导的时代，企业的核心竞争力已从"功能满足"转向"情感共鸣"。以我的实践为例：当产品承载奋斗者的人生注脚，当传播激荡价值观的声波，商业竞争便升为心灵对话。正如我们耗资百万元打造的创业纪录片《从保安到包材大王》，通过 17 岁辍学、负债 13 万元等真实经历的呈现，让观众在共鸣中建立深度信任。这正是数字化时代传统企业突围的密钥。

4.3.3 人设线："金铲铲＋绿战袍"的 45° 仰视法则

1. 为什么要打造人设

大多数人认为，卖塑料袋、做包装这种传统生意，只要东西便宜、质量好就行，无须打造什么人设。这种想法是错误的。

我们从淘宝第一家店到全网矩阵账户 200 万＋粉丝，最大的感悟是：人设就是你的"商业胎记"。就像拿起奶茶就想到周杰伦，提起包材大王就得想起我——穿绿衣服、玩金铲铲游戏、上车就睡觉、跟网红站长喝高档白酒。这些看似不起眼的"小符号"，就是让客户在万千同行里一眼能认出你的关键。

2. 人设三板斧：视觉、行为、社交符号锁定记忆点

（1）视觉符号：穿绿衣服，印"橙"字，把自己变成行走的广告牌。

我每天雷打不动穿着一件绿色 T 恤，左胸口印个橙色的"橙"字（绿橙的"橙"）。为什么选这个颜色？

① 颜色够扎眼：绿色在人群里显眼，客户老远看到就知道"绿橙的涛哥来了"；

② 重复出奇迹：不管开会、直播、见客户，永远穿这一身，一年 365 天重复曝光，客户想忘都忘不掉。

就像美团骑手身穿黄色衣服、"麦当劳叔叔"穿红围裙，视觉符号的核心是"简单＋重复"。

（2）行为符号：玩金铲铲游戏、上车秒睡，把日常变成"人设剧本"。

① 金铲铲游戏不离手：每天在办公室，一有时间我就会玩金铲铲游戏，同事们都知道这是我的"放松神器"，客户来访看到我也会玩，无形中拉近了距离。

② 上车就睡觉：我经常全国跑客户、谈合作，在车上抓紧时间睡觉。这个习惯被团队拍成视频发出去，反而成了"拼命三郎"的标签。客户说："看涛哥在车上累得秒睡，就知道他是真的在做事，不是吹牛的老板。"

行为符号的秘诀是"放大真实细节"。别想着搞高大上的人设，把自己日常最特别的习惯、动作放大，让客户觉得"这个人真实、有血有肉"，反而更容易信任你。

（3）社交符号：和网红站长喝高档白酒，用诚意敲开合作大门。

我经常和我们"一箱办"的网红站长坐在一起喝高档白酒，还把这些场景拍成视频。有人不理解："一个卖包装的，为何天天喝高档白酒？"其实，这背后藏着我对合伙人的重视和合作的决心。

这些网红站长是我们业务的重要伙伴，他们有流量、懂市场，和他们深度合作能给我们带来重大突破。和他们喝高档白酒，不是为了享受，而是向所有潜在合伙人和客户传递一个信号：只要你选择和我们站在一起，我们便会投入资源、拿出诚意，重金投资在合作伙伴身上。

我们的视频让客户看到，加入绿橙和"一箱办"不是单打独斗，而是能获得全方位支持。这样的场景，打破了大家对传统行业老板只重利益的刻板印象，也让犹豫的潜在合伙人明白，我们是一个值得信赖、愿意共享红利的合作对象。

3. 人设不是装出来的，而是"把自己撕开给人看"

人设的底层逻辑是"让客户看到你的稀缺性＋可信度"。稀缺性就是你跟别人不一样的地方（比如我穿绿衣服、玩金铲铲），可信度就是你的真实经历（比如从保安到老板的逆袭故事）。两者结合，客户才会觉得："这个人独一无二，值得信任。"

4. 人设的终极目标：让客户弱化价格

现在找我合作的客户，很多都说："涛哥，我刷到你视频，看你穿绿衣服、讲实在话，就想跟你做生意，价格高点也没关系。"这就是人设的威力——把"卖产品"变成"卖信任"。

以前包材产品，客户跟我砍价，比质量、比价格；现在客户看到我穿绿衣服出现，会想："绿橙的包装肯定靠谱，涛哥说的方案肯定能帮我赚钱。"人设帮我省去了80%的沟通成本，客户直接奔着"我"来，而不是奔着"产品"来。

5.3 步搭起你的人设骨架

（1）找标签：列出你身上3个最特别的点（长相、习惯、经历），比如"戴红围巾的包子铺老板""开叉车的女厂长"。

（2）"坚持＋重复"：把这个标签融入你的所有场景（衣服、视频、聊天），每天重复，坚持3个月必有效果。

（3）露破绽：别装完美，偶尔展示你的弱点（比如我算错账、被客户怼），反而更招人喜欢。

总之，人设是最低成本的"信任武器"。在这个信息爆炸的时代，客户记不住你的公司名、产品名，但一定记得住你的"绿衣服""金铲铲""上车秒睡"。人设不是包装，是把真实的自己"符号化"，让客户一眼记住、长久信任。如果你还在靠低价抢客户，不如花点时间琢磨："我能设计什么独特的标签，让客户想起包材就想起我呢？"

记住：你自己，就是公司最好的品牌。

4.3.4 情绪放大器：与观众产生情感共鸣

在视频中，通过真实情感流露，让观众感受到你的喜怒哀乐，仿佛面对面交流。分享创业艰辛、成功喜悦，拉近与观众心理距离，激发共鸣，让观众不仅记住产品，更记住你这个"有血有肉"的人。情感共鸣是人设的催化剂，让信任更坚固。比如我分享了曾在地下室吃泡面的日子，观众会说："涛哥，你太不容易了！"这种共鸣让他们觉得不仅是买产品，更是在支持一个有梦想的人。

另外，情绪的力量，让客户从"理性选择"转向"情感认同"，你的人设也因此更具吸引力。情绪共鸣还需真诚，切勿刻意煽情。用心讲述真实故事，自然流露情感，观众方能感受到你的真诚。如同老友谈心，真诚才能打动人心，让观众在情感上与你站在一起，进而转化为忠实的支持者。记住，真诚是情绪共鸣的基石，也是人设长久不衰的关键。

4.4 私域流量闭环搭建指南

我将围绕"公域 + 私域 + 矩阵"联动模型，从直播整体架构出发，详细阐述各环节运作逻辑，结合网红站长爆火案例，凸显私域直播优势与关键作用，分享私域流量闭环搭建指南。

4.4.1 设计私域闭环模型

在包材行业激烈的竞争浪潮中，我们所精心构建的"公域 + 私域 + 矩阵"联动直播模型，简直是一台精密的商业引擎，以"每座城市招募一名网红站长"作为核心驱动力，持续推动业务的蓬勃发展与广泛扩张。

这一模型依托全网近几十个矩阵号，构建起强大的流量承接网络，随着鱼哥、大韩、张伟等网红站长粉丝数量的迅猛增长，以及爆款视频的不断涌现，"一箱办网红站长"模式迅速在各大短视频平台走红，吸引了海量流量涌入。

引流环节作为私域闭环的流量引擎，依托矩阵账号构建起强大的内容分发网络，形成"爆款复制 – 全网裂变"的流量收割机。我们建立了行业首个"爆款文案工厂"，目前已沉淀 100 + 经过实战验证的爆款框架——从鱼哥单条视频斩获 80 万播放的"餐饮客户谈判三板斧"，到大韩 30 天涨粉 1 万的"环保包装场景化教学"，每个爆款诞生 48 小时内，运营团队便会快速拆解"痛点钩子 + 案例细节 + 行动指令"的黄金结构，形成可复用的标准化模板。

以鱼哥"单日成交 8 万餐饮客户"的爆火视频为例，原视频通过"深夜工厂验货"的真实场景，展现"2000 个起订"如何解决小商户痛点，评论区引导"私信获取报价模板"。我们迅速提炼出"痛点场景化＋数据可视化＋钩子前置"的框架，同步推送给张伟等其他站长。张伟结合本地批发市场特点，将场景替换为"早市包装采购现场"，保留"成本对比表""限时报价"等核心元素，视频发布3天即获得50万播放，新增200＋客户咨询。

这种"爆款工业化生产"模式让每个矩阵号既保持"网红站长人设"的差异化（如鱼哥早期主攻餐饮中型客户、大韩聚焦环保包装、张伟深耕批发市场），又共享同一套"流量密码"。当某个账号获得百万级流量时，其他矩阵号同步跟进，通过"核心框架不变＋地域／行业场景微调"的方式快速复制，形成"单点爆火－全网共振"的流量奇观。配合精准投流策略，将公域流量精准导流至公域直播，通过"工厂实拍＋实时报价"等互动环节，引导观众添加微信，实现日均私域引流300＋的高效转化。

这种以"内容工厂＋矩阵分发＋快速复制"构建的黄金三角体系，正在重塑行业生态。每个入局的网红站长都能借力成熟爆款基因，在战略制高点实现冷启动，有效规避重复试错成本。基于数据验证，爆款框架复用者的视频流量效能提升40%，精准客户咨询转化率平均增长35%，形成了"爆款基因裂变，成功范式共享"的生态闭环。

当这张智能流量网络全面铺开后，市场会自然筛选出两大核心客群：一是寻求网红站长合作的中小规模定制客户，由站长团队自主消化；二是被验证模式吸引的新晋创业者群体——这正是我们重点深耕的战略腹地，我们将在此构建持续生长的商业生态。正是在这样的模式下，就有源源不断的潜在网红站长加入我们的私信体系。

进入互动环节，私域成为深度沟通的重要阵地。我们借助微信、社群等渠道，与潜在网红站长展开持续且有针对性的互动。利用"343 内容矩阵"，定期分享 30% 行业前沿趋势、40% 网红站长爆单经验、30% 包材设计技巧等内容。

以鱼哥为例，我们不仅会详细分析他的成单过程，还会邀请他在社群中分享与客户沟通的心得，例如，拍摄视频的模板和技巧、了解客户兴趣、真诚态度、礼貌用语、观察客户情绪、发现客户优点等实战经验。同时，运营团队积极回复潜在站长的咨询，解答他们在创业过程中遇到的疑问，建立起"导师 + 伙伴"的信任关系，为后续转化奠定坚实基础。

转化环节是整个模型的关键所在，而私域直播也在其中发挥着核心作用。由于公域平台存在诸多限制，如规则严格，稍有不慎就可能触发限流甚至封号，且对直播间挂车等商业化操作限制较多。相比之下，私域直播具有显著优势。在私域直播中，我们能够更加自由地展示产品和服务，将一些在公域平台无法推广的引流课程、升单套餐等商品挂出。我们现在用第三方直播工具进行私域直播，把这些潜在网红站长引到这里进行深入介绍，从而实现更精准的用户黏性和转化。

借助精心策划的脚本框架，首先，深刻剖析包材行业的创业难点，旨在触动潜在站长的内心共鸣；其次，展示网红站长们的成功案例和收益数据，增强他们的信心；最后，推出限时的优惠政策和扶持计划，如"前 10 名签约的站长可获得价值万元的定制化培训课程和专属帮扶"。

督导环节则注重维护与网红站长的长期合作关系。我们通过建立完善的客户服务体系，定期对已签约的网红站长进行回访，了解他们的业务进展和遇到的问题。根据网红站长的反馈，提供针对性的解决方案和资源支持，如优化设计方案、拓展客户渠道等。同时，持续在私域中分享行业动态和成功经验，组织网红站长之间的交流活动，促进共同成长。通过这种方式，不断提升网红站长的满意度和忠诚度，实现长期稳定的合作，推动业务的持续增长。

4.4.2　四大标准化 SOP 作战手册

1. 加私破冰 SOP（30 秒建立信任）

在公域直播或短视频引流后，加私破冰是将潜在网红站长转化为私域用户的关键第一步。当用户通过直播或视频留下联系方式后，我们的运营人员会立即发送精心设计的欢迎语：您好！我是涛哥团队负责网红站长招募的小 C，恭喜您发现了包材行业的财富密码！您是想咨询网红站长项目吗？我们有完整的扶持体系和成功经验，能助您快速实现创业梦想！

同时，附上《网红站长快速入门指南》，其中包含行业前景分析、成功站长成长路径以及我们的独家扶持政策。接着，发送鱼哥、大韩等网红站长的爆单视频和收益截图，用真实的数据和案例证明我们模式的可行性，在 30 秒内迅速建立起初步信任，为后续沟通和转化打开良好局面。

2. 朋友圈炼金 SOP（3 天打造专家形象）

朋友圈是塑造专业形象、吸引潜在网红站长关注的重要窗口。第一天，发布深度行业分析文章，如《2025 年包材行业创新趋势：数字化与可持续性的双重驱动》，并配以专业的图表和数据，同时分享我对行业的独特见解，展现我们的专业性和前瞻性。第二天，重点推送网红站长的成功故事和实战经验，深入剖析鱼哥如何成功拿下 8 万元订单的每一步，从客户开发、精准需求分析，到创新方案设计，直至最终成交，全程细节详细，旨在让潜在网红站长能够从中汲取经验，学以致用。

同时，我们还将发布网红站长接受培训和扶持的成长历程视频，直观展示了我们的帮扶成果，彰显实效。第三天，展示我们与网红站长们的互动场景，如线下培训、线上指导的画面，以及团队为网红站长解决实际问题的过程，分享我们的工作日常和团队文化，塑造"行业专家 + 贴心伙伴"的立体形象。每天在 8:00、12:00、18:00 三个黄金时段发布内容，通过采用"文字描述 + 九宫格图片展示 + 生动视频"的多元化组合形式，全方位吸引潜在网红站长的眼球，促进他们积极参与，进一步加深他们对我们的信赖。

3. 社群激活 SOP（7 天培育成交温度）

社群是培育潜在网红站长、促进成交的重要阵地。

第一天，新成员进群时，举行热烈的欢迎仪式，发送欢迎红包，并明确告知群规则和价值，如"这里是包材行业网红站长的成长乐园，每天 10 点，我们分享行业干货、站长成功经验，助您快速开启创业之旅！比如大韩通过真诚实在的服务凝聚人心，张伟则通过把握机遇和付出十倍的努力获得成功。"

第二天，聚焦行业痛点，激发潜在网红站长思考："资源匮乏、经验不足？包材创业路在何方？网红站长模式助您避险前行"引导他们积极参与交流，增强代入感。

第三天，邀请鱼哥等成功网红站长在群内进行经验分享，讲述他们的创业故事和心路历程，与潜在网红站长互动答疑，让大家更直观地了解创业成功的可能性和方法。

第四天，安排专业导师进行在线答疑，解答潜在网红站长关于业务运营、扶持政策、市场拓展等方面的疑问，进一步建立信任。

第五天，推出限时的签约优惠政策，如"前 10 名签约的站长可享受免费的高级培训课程、专属客户资源以及价值 5000 元的推广补贴"，并配上倒计时海报，制造紧迫感。

第六天，展示网红站长收益增长、客户好评及成功案例，坚定信心，共谋发展。

第七天，我们精心筹备了一场私域直播预告，着重强调直播中的重磅福利与深度内容，诸如"现场将揭晓神秘扶持计划，并有机会赢取涛哥亲授的一对一创业指导"，诚邀潜在网红站长预约观看，为即将到来的私域直播转化盛宴做好充分准备。

4. 直播升单 SOP

私域直播是实现最终转化的关键环节，我们制定了详细的 72 小时购买策略。直播序幕拉开前的 3 小时，我们将先带您回顾包材行业创业的艰辛与挑战，直击"创业路上荆棘密布，缺乏方向与资源，究竟如何破局"的痛点，力求引发潜在网红站长的深切共鸣。

接着，展示我们的全方位扶持体系和众多网红站长的成功案例。用真实的数据说话，如"我们已经成功培养了 20 多位网红站长，他们平均月收入达到了 2 万元，最高单月收入突破 4 万元"。在直播中，详细介绍《网红站长创富手册》的核心内容和价值，以及我们提供的定制化培训课程、设计支持、客户资源对接等服务，现场演示 AI 设计系统如何快速为网红站长生成优质的包装方案，让潜在网红站长更加直观感受我们的专业能力和服务优势。

然后，邀请几位优秀网红站长连麦，分享他们加入后的成长经历和收益变化，让潜在网红站长更真切地感受到模式的可行性和潜力。最后推出限时抢购的超级福利。

通过以上四大标准化 SOP 作战手册，我们在"公域＋私域＋矩阵"联动直播模型的运营过程中，实现了对潜在网红站长的精准吸引、深度培育和高效转化，为"一箱办网红站长"计划的持续成功提供了坚实的保障，也为传统行业在数字化时代的转型和发展探索出了一条可行性的道路。

4.5　工具箱：可复制的短视频作战包

4.5.1　爆款选题九宫格

市面上有很多培训公司都在教授爆款选题框架，我们经过实践测试，发现不太适合包材等大众行业，比如情感主播、心灵鸡汤、搞笑类、励志、蹭热点等，确实能让视频火起来，但吸引来的粉丝往往与我们的目标受众不匹配，无法转化为潜在客户。

因此，我们的企业应该专注于打造那些能够引起站长共鸣的内容，如行业洞察、实用技巧，以及与品牌价值相契合的教育性视频。通过精准的定位与高质量的内容，我们不断提升粉丝的活跃度和忠诚度，从而有效提高转化率。

通过分析站长们的需求，我们创造了一系列短视频模板，这些模板旨在深入挖掘用户背后的需求，从而提供更具针对性的解决方案。例如，我们设计了针对新手站长的"入门指南"系列视频，以及针对资深站长的"高级技巧"系列视频。这些模板简化了内容创作过程，适用于所有传统企业（见表4-1）。

表4-1 短视频模板

三大痛点直击类	三大解决方案类	三大成功案例类
数字化放大价值	见效快的黑科技	开门见山说结果
揭开真相与避坑	十倍速提升效益	草根逆袭的故事
放大焦虑与恐惧	塑造你的稀缺性	直言不讳教方法

以包材行业为例，包材行业爆款选题如下（见表4-2）。

表4-2 包材行业爆款选题

三大痛点直击类	三大解决方案类	三大成功案例类
小餐饮老板必看！这些包装的坑让你年亏10万元	3步用AI设计出吸睛餐饮包装，小白也能秒上手	鱼哥揭秘：如何用"深夜验货"视频拿下8万元订单
批发市场踩雷实录：这些包装套路你中了几个	环保包装成本高，教你3招让客户主动增加预算	大韩逆袭：30天涨粉5万的"场景教学"全拆解
包材创业血泪史：没客户、没资源该如何破局	独家！餐饮包装报价模板，让客户看了直接下单	张伟早市实战：50万播放视频背后的"地域化"打法

以上9个选题涵盖多类热门方向，贴合流量裂变需求。若你觉得某个选题需要调整，或想补充其他方向，可以依据自己的行业特性进行调整，确保选题与自身品牌或业务紧密结合。通过细化目标受众和市场定位，可以进一步优化选题策略，确保内容的针对性和吸引力，从而实现转化率的显著提升。

4.5.2 拍摄场景五维评估表

在内容创作过程中，企业拍摄场景的选择直接决定产品推广效能、品牌认知深度与客户转化质量。为科学判断拍摄场景与企业需求的契合度，我们构建了五维评估体系，精准锁定高价值视觉资产，赋能内容营销的战略升级（见表4-3）。

表4-3 拍摄场景五维评估体系

评估维度	评估标准	评分（1～5分）	备注
产品展示度	场景能否清晰呈现产品细节、功能、优势。生产车间设备实操展示产品工艺（5分）；普通办公室角落摆放产品（2分）		
生产专业性	场景对企业生产流程、技术实力、质量把控的体现程度。精密加工车间拍摄自动化生产线（5分）；仓库堆放场景无技术展示（1分）		
客户信任感	场景是否能增强客户对企业实力、产品质量的信任。实验室检测环节拍摄（5分）；简陋厂房杂乱堆放（1分）		
拍摄成本	场景拍摄所需的场地租赁、设备、人员等综合成本。利用企业现有车间拍摄（低成本，4分）；租赁专业影棚拍摄（高成本，1分）		

评估维度	评估标准	评分（1～5分）	备注
传播适配性	场景风格与投放平台（抖音、微信视频号、行业垂直平台等）及目标客户群体的匹配度。抖音平台适合快节奏生产过程展示与娱乐化（5分）；行业垂直平台适合深度技术解析场景（4分）		
综合得分	各维度得分总和		

五维评估体系的操作指南如下。

（1）单项评分未达3分的场景，须针对性改良或重新选址；

（2）综合得分≥20分的场景，应列为优先级视觉素材库储备；

（3）备注栏可记载场景优化方案，例如，"融入质检人员操作实景强化信任背书"；

（4）依据营销战略动态调整权重分配，品牌建设期可侧重产线专业度与客户见证素材。

本评估体系旨在赋能制造业企业实现拍摄场景的标准化筛选，通过可视化数据决策提升内容传播穿透力，构建差异化的品牌溢价空间。

本章小结

本章围绕短视频流量运营与私域闭环构建展开，提出了"流量闪电战"核心模型：以付费投流为支点，通过精准用户画像、数据驱动投放策略实现粉丝裂变与高效转化。拆解了从2500元撬动10倍投产的实战案例，到"3+N"爆款内容生产模型（产品价值锚、案例穿透力、人格化 IP + 场景变量），并详细介绍私域流量分层漏斗、四大标准化 SOP 运营流程及工具包应用。强调在流量成本攀升的当下，传统企业需打破自然流量依赖，以工业化内容生产与精细化私域运营构建竞争壁垒。

章末思考

当流量成本成为商业竞争的"生死线"，你的企业是否还在盲目追逐免费流量？如何用"人设符号化"让用户在信息洪流中记住你？当产品同质化加剧，你能否将技术参数转化为可感知的情感叙事？私域流量的"黄金时代"悄然落幕，下一个流量洼地又该如何挖掘？或许真正的破局点，就在于将"流量思维"转变为"用户资产运营思维"。这不是一次性收割，而是用内容温度与信任体系，让每个用户成为品牌生态的共建者。那么，你准备好重构企业的"流量基因"了吗？

第5章

组织裂变术：培养"超级合伙人"的秘籍

5.1　老板识人五步曲

面对日益激烈的商业竞争，企业欲实现组织裂变，跨越发展障碍，培养"超级合伙人"无疑成为关键之举。而寻找合适的合伙人，首要前提便是具备精准的识人能力。老板若能掌握科学的识人方法，便能在茫茫人海中挖掘出真正具有潜力与实力的伙伴，为企业的裂变与发展注入强劲动力。"老板识人五步曲"，从认知水平这一核心维度出发，为老板们提供了一套系统且实用的判断标准。

5.1.1　秒懂能力

在信息交流日益频繁且复杂的商业场景中，一个人能否迅速理解他人意图，是衡量其认知水平的重要标尺。具备秒懂能力的人，犹如拥有敏锐的信息雷达，总能在第一时间捕捉到关键信息。他们不受语言表达形式的束缚，即使对方言辞混乱、逻辑不清，甚至只是零星吐露些想法，他们也能凭借敏锐的洞察力和高效的信息整合能力，迅速捕捉到核心要点。

这背后，是其对行业趋势的深刻理解、丰富的知识储备以及快速的思维转换能力。在瞬息万变的商业洪流中，拥有敏锐洞察力的合伙人能够即刻洞悉市场动向与团队战略，灵活驾驭行动舵盘，引领企业敏捷应对市场变迁，抢占竞争的先机。

5.1.2 赞同与不同视角

认知水平高的人，往往有着开阔的胸襟和活跃的思维。他们既不骄傲自大，也不固执己见，在倾听他人声音时，总以理性为标杆，以包容为胸怀，给予公正无私的评价。他们善于发现他人观点中的闪光点，并给予赞同，这种态度不仅能赢得他人的尊重，还能营造良好的团队氛围。

更为可贵的是，他们在认同的基础上，还能从独特的视角出发，提出新颖的见解。这种不同视角的碰撞，如同火花四溅的思维盛宴，能够激发团队成员更深入地思考，为问题的解决提供更多可能性。

5.1.3 简单直接

真正的高手，往往能够将复杂的事物简单化。认知水平较高的人，对事物的本质有着深刻的理解，他们能够透过纷繁复杂的现象，抓住核心关键。在表达观点时，他们摒弃冗余，避免晦涩，用简洁的语言，清晰地传达给他人。

在科技领域，技术原理通常较为复杂难懂，但优秀的技术合伙人能够将其转化为通俗易懂的语言，使非专业人士轻松理解。例如，人工智能企业在向投资方介绍产品时，技术负责人不要使用大量专业术语，而是以日常生活中的场景为例，用简洁的话语阐述了产品的功能和优势。

这种表达方式不仅能让投资方迅速理解产品价值，还能提升他们对企业的信心。简洁表达的能力，不仅体现了个人对知识的掌握程度，更反映了其沟通能力和思维的清晰度。在团队协作中，简洁表达能减少沟通成本，提高效率，确保信息准确传递。

5.1.4　向下兼容

有一些企业老板自以为是，给人高高在上的感觉，让下属难以接近和相处。相反，与认知水平高的人交流，常常会让人感觉如沐春风。尽管他们拥有丰富的知识和卓越的能力，但却从不高高在上，而是能够放下身段，以包容的心态与不同层次的人沟通。他们善于倾听他人想法，理解他人立场和需求，采用对方能接受的方式交流。

在企业管理中，这种向下兼容的能力尤为重要。优秀的合伙人面对基层员工时，从不因员工经验尚浅、知识有限而显露出不耐烦或轻视之意。相反，他们耐心地解答疑惑，循循善诱，助力员工在思考中成长。

5.1.5　善于观察

真正有能力的人平时话不多，心里跟明镜似的透亮。他们眼神准得跟装了雷达一样，就算在人堆里扎着，也能瞬间揪出关键点。这类人眼角一瞟就能把场子扫明白，耳朵支棱着听各种风吹草动，就像拼图高手似的，三下五除二就能把零碎信息凑成整幅画。

寻找事业伙伴，应当选择如磐石般冷静自持的智者。这类人往往具备敏锐的洞察力，能在纷繁信息中捕捉关键细节，面对复杂项目时善于构建系统化分析框架。他们惯于用多维视角审视问题，在风险管控中展现精准判断，当团队陷入争论漩涡时，总能抽丝剥茧厘清本质矛盾。

这样的合作伙伴不仅拥有前瞻性战略眼光，更难得的是面对突发状况时能迅速理清头绪，权衡利弊后作出最优选择，如同航行中的舵手始终把控方向。既确保战略推进力度，又为可能出现的变量预留弹性空间，真正成为团队不可或缺的核心支柱或辅助决策者。

5.2　可复制的超级合伙人模式

选对人，则事半功倍。在传统企业中，有些老板经常会抱怨员工不好管，特别是面对"90后""00后"的新一代员工时，更是感到束手无策。然而，我认为问题的根源并不在于新一代员工本身，而在于我们选拔、培养与使用人才的策略亟需与时俱进。

5.2.1　选人五要素

著名作家冯唐提出的"成事九字诀——不着急、不害怕、不要脸"，曾是我们筛选人才的重要标尺。但在推进企业战略升级、构建第二增长引擎"一箱办"平台的二次创业中，这套标准显露出一定的局限性。

合适才是最好的。历经700多个日夜的实践验证，我们淬炼出专为中小企业量身定制，尤其适用于制造业数字化转型征途的"选人五要素"。这套五维人才坐标体系，正在为实体企业转型升级锻造新时代的领军者。

1. 有动机

一个人不想奋斗，拿鞭子抽也是徒劳。在选拔网红站长之时，我们尤为看重候选人内心对事业的热忱。很多网红站长在加入我们之前，或许只是对这个行业略有兴趣，但通过我们的培训和引导，他们逐渐发现了包材行业的巨大潜力和广阔前景，从而激发了内在的动机和热情。正是这种动机和热情，让他们在面对困难和挑战时能够坚持不懈，最终取得成功。

2. 能吃苦

创业之路从不是一帆风顺的，特别是在通过网红站长模式拓展业务时，需要付出比常人更多的努力和汗水。因此，我们在选拔网红站长时，特别看重那些能够吃苦耐劳、勇于担当的人。只有当他们无畏艰辛，不惧劳顿，于逆境中屹立不倒，以坚韧不拔之志，逐一攻破难关与挑战，才能收获硕果。

怎么判断是否能吃苦？我发现很难通过肉眼或聊天识别，而是通过问一些过往经历和某些特定场景下的内心感受，便能略知一二，这是相对靠谱的参考。比如，我在招募一个新网红站长时，会面对面问以下几个问题：你认为从你记事以来经历的最痛苦的事情是什么？当时你是怎么处理的？又是什么样的内心反应？通过这些问题，观察被面试人员的情绪变化和表述逻辑清晰度，就能大致判断这个人到底是否能吃苦。

3. 愿学习

当市场脉搏以秒速更迭，持续学习能力已成为抵御时代洪流的生存之本。这对我们身处浪潮之巅的网红站长而言，恰似航海者的罗盘与风帆。他们须在知识迭代中保持敏锐嗅觉，深挖营销策略的底层逻辑，解构产品的核心价值，精准捕捉行业发展的潮汐规律，最终实现客户价值与商业增长的双向奔赴。正是如此，我们在遴选网红站长时，始终将目光锁定那些骨子里刻着持续进化基因、思维中跃动着自我迭代意识的破局者。

4. 有格局

跟小心眼、短视的人合作，是一件很痛苦的事情。格局太小，坚决不合作。为什么呢？因为职业成就的取得往往遵循渐进规律，需要从业者秉持持续精进的职业态度。一个人格局太小，听不进逆耳忠言，就无法实现自我精进。

在遴选网红站长过程中，我们通过面试超过百位意向候选人发现，通常需持续投入三个月以上方能实现运营层面的实质性突破。基于该观察结论，我们在人才选拔体系中着重考量候选人的意志品质，尤其重视其应对挫折时的心理韧性。

5. 没退路

在网红站长选拔体系中，我们尤为珍视具备破釜沉舟特质的候选人。这类人群往往背负着淬火重生的生存压力，或是经历创业失败后的巨额债务重整，或是承载三代人希望的家族经济砥柱，或是职业转型期的背水之战。他们深谙机遇的不可复制性，常于签约当日便进入全情投入状态，不仅全盘消化运营战略体系，更会自主加码参与全系列赋能特训。

这种置之死地而后生的特质，在实操层面能转化为惊人的执行力。

5.2.2 建立五个新认知

选对人就要开始进入第二阶段，通过建立五个新认知，统一每个合伙人的思想，明确战略目标、强化团队协作、深化市场洞察、优化资源配置、提升创新意识。这五大新认知宛如指引航向的灯塔，照亮合伙人前行的道路，引领他们携手突破发展瓶颈，共同绘制企业二次腾飞的壮丽画卷。

1. 重塑商业价值标准

作为企业决策者，亟须为合伙人构建全新的商业价值评估体系，以此规避未来可能出现的短视经营行为。诸如为促成交易而采取的欺瞒话术或过度承诺等饮鸩止渴之举，必须摒弃，并让位于长效价值经营理念。在完成合伙人选拔后，我们为网红站长们开设了首期课程，系统阐述新商业价值维度。

基于深度市场洞察，我们确立了高复购率、高客单值与高毛利空间的黄金三角模型。包材行业正是这一模型的完美印证——通过构建可持续的客户关系体系，深化产品服务价值，构建弹性供应链生态，最终实现商业价值的指数级增长。

最重要的是让每个站长都明白：我们的生意护城河，根基是靠着时间积累和客户信任带来的长期好处，而不是那些图一时爽快的短期赚快钱。时间越久，客户信任就像滚雪球一样越滚越大，回头客越来越多，口碑越传越广，最后形成生意越做越红火的良性循环。

2. 简单重复是出路

"涛哥成事八字诀：听话照做，自我精进"。很多时候，过于精明反而自食其果，唯有脚踏实地、简单重复才是我们普通人通往成功的坚实道路。创业十多年来，我见过很多聪明的人，同时我也曾招募了一批很聪明的管理者，但是很遗憾，他们往往因过于自信而忽视了基础工作的扎实落实，结果聪明反被聪明误，错失了稳步发展的良机。相比之下，那些看似平平无奇却能够坚守简单重复、不懈精进的人们，往往能在时间的积累中迎来质的飞跃，创造出令人瞩目的成就。

3. 吸引客户远比推销强万倍

为何"双11""618"等电商大促逐步消失在消费者的视野了？原因很简单，这种过度牺牲利润为代价的营销方式给人的感觉是"吃相难看"。

客户并非靠乞求而来，而是通过价值吸引自然汇聚。我们要求网红站长必须通过持续输出高质量内容，精准解决用户痛点，自然吸引目标群体，形成强大的粉丝黏性，而绝不可以降价销售。相较于强行推销，这种价值吸引策略更能赢得客户信任，实现长期稳定合作，进而推动商业生态的良性循环。

4. 所有的事情就是你自己的事

我们的部分高管和外部的网红站长都不是给公司打工，而是要为结果买单的合伙人。他们不为任何人打工，偷懒、摸鱼、拖延等行为，无异于浪费自己的时间和生命，最终自食其果。

5. 动起来，干中学

执行力是创业成功的第一步，先行动再完美。晚上想想千条路，早上起来走原路，是没有任何意义的。我们对团队的要求是"动起来，干中学"，强调实践中的学习和改进。只有通过实际行动，才能发现问题、解决问题，逐步优化策略，实现从 0 到 1 的突破。

5.3　背靠背作战体系

现在商业世界的变化速度比个人学习还快，单打独斗已经解决不了复杂问题。背靠背的作战体系作为创新的团队协作方式，靠着相互信任、能力互补和快速反应这三大法宝，正在改写现代企业的生存法则。

这个体系的核心是建立灵活沟通机制和高效协作网络，具体实施有两大关键点：一是"双人双正"的思维模型；二是能让执行力翻十倍的背靠背作战体系。

5.3.1 老板必懂的"双人双正"沟通模型

刚参加工作时，我在一家 KTV 当保安队长。那时候天天跟形形色色的人打交道：碰到情绪激动的客人要赶紧灭火，遇到脾气古怪的领导要灵活应对，碰上爱推卸责任的同事得划清工作界限。这些经历让我慢慢悟出了一套处理人际关系的方法——怎么用好好说话化解矛盾？怎么调动团队积极性？怎么让客户心甘情愿多掏钱？我把这些基层服务经验整理升级，形成了"双人双正"管理秘籍。

1. 从 KTV 保安到商业领袖的底层思维觉醒

2001 年我在 KTV 当保安时发现，不同主管的管理方式差异显著：粗暴型管理者，员工流失快；关怀型团队则凝聚力强。我曾替同事顶班，后来他主动帮我代班半月，让我初次感受到人心互动的力量。

2010 年创办包装厂时，面对 20 多名女工，我发现单纯利用物质激励女员工，效果有限。后来，通过记录员工生日、解决生活难题等情感关怀，团队效能显著提升。基于人性洞察，我研发的"双人双正"沟通模型，助力企业实现从草根到年营收破亿的跨越，验证了人心经营是商业成功的关键逻辑。

2. 先懂人心人性，再谈商业成事

（1）人心篇：得人心者得团队。

① 人心本质：情感连接高于利益交换．

很多管理者常犯一个管理误区：他们误认为员工追随自己仅因物质利益，然而真相是，员工的离去并非源于薪资不足，而是内心的冷漠与疏离。我目睹了无数实例，即便薪资涨幅高达 30%，若领导忽视员工的工作困境，员工仍可能毅然决然地选择离职。相反，有些员工在创业初期甘愿接受减半的薪酬，只因老板愿与他们同舟共济，直至深夜共商大计，修订方案。

在我们公司，每个新员工入职，我们都会亲自带他们参观工厂，讲述创业时"睡仓库、啃馒头"的故事。2022 年，我们有个网红站长叫大韩，媳妇生病急需用钱，我不仅预支了他 3 个月的分成，还发动团队为他捐款。后来他成为第一个销售破 50 万元的网红站长，逢人就说："涛哥当年拉了我一把，我跟着他干，放心。"

② 人心经营三原则。

- 透明原则：在我们"一箱办"的合伙人模式里，每个站长都能随时查看自己订单的利润分成情况，连工厂采购原材料的进价都能看得一清二楚。我常说："把账本摊开来，比藏着掖着强。员工们都不傻，只有真心换真心，人家才愿意跟着你干。"

- 参与原则：在 2023 年开发新产品期间，我组织了 3 场员工座谈会，鼓励一线工人提出改进建议。通过实施包装流程的优化，例如，调整工作台布局、改进包装工具使用、优化包装材料存放位置等措施，将生产效率提升了 30%。此外，员工满意度的提升，如公平的薪酬和福利、积极的工作环境、职业发展机会等，也能显著提高生产率。让员工参与决策，就是给他们"主人翁"身份。

- 容错原则：新人站长初期犯错是难免的，比如刚入行时，误判客户需求导致订单返工。我非但没有处罚他们，反而引导他们复盘问题，并专门设置了"老带新"的"一对一"辅导机制。唯有允许试错的团队，方能锻造出敢于挑战、勇于拼搏的精英。

（2）人性篇：顺人性者得天下。

① 趋利避害是本能，自我实现是终极追求。

马斯洛需求层次理论告诉我们，人在满足生存需求后，会追求尊重和自我实现。但很多老板只盯着员工的"生存需求"，用罚款、绩效考核来管理，结果越管越乱。

我们的解法：在网红站长激励机制中，我们设计了"三层利益金字塔"。

- 基础层：每单 15% ～ 25% 的利润分成，按时结算，满足对即时利益的渴求；
- 发展层：累计订单量达标后，可升级为"银牌站长""金牌站长"，享受更多的流量资源扶持；
- 成就层：荣膺年度 TOP10 的站长将优先获得职级晋升资格，可同步晋升为区域培训导师并组建精英团队，最终形成战略发展先锋军——公司将为这一梯队提供专属的资源扶持以及高层的决策指导。

这样设计的逻辑是用短期利益激活欲望，用长期愿景绑定人心，让员工在赚钱的过程中实现自我价值。

② 如何做到顺人性。

首先，简化目标。新人站长面对"拍视频、做直播、搞私域"等多重任务时往往感到压力巨大，为此，我们将这些任务细化为每天拍 1 条产品视频、添加 10 个客户微信、发布 3 条朋友圈的小目标，完成这些小目标即可获得基础奖励。人类天性厌恶复杂，唯有简单且可实施的目标方能激发行动。

其次，建立容错机制。我们曾有一位网红站长，初期因为不熟悉平台规则，投流 2000 元没转化 1 个客户。我们不仅未加责备，反而依据视频数据反馈，精心调整了"工厂实拍 + 老板亲述"的人设定位，这一转变使得单条视频播放量飙升至百万，并成功斩获 30 万元订单。顺人性不是放纵惰性，而是帮人克服畏难情绪，把"要我做"变成"我要做"。

3."双正"闭环

（1）第一正：以真心待人，让善意"显而易见"。

① 善意的三层境界。

- 物质层：给员工涨工资、发福利，这是基础，但容易被模仿。
- 能力层：传授员工技能，助其提升自我价值。例如，我们每月举办"站长特训营"，涵盖从短视频剪辑至客户谈判的全流程培训，截至目前，已累计培训超 3000 人次。
- 精神层：认可员工的价值，比如我们设立"站长荣耀墙"，把每个站长的创业故事制作成视频在工厂循环播放，让他们感受到"自己的努力被铭记"。

② 善意传递的关键。

2022 年，有一位兄弟来找我，说想跟着做站长，但他连剪映软件都不会使用。我特意安排了经验丰富的运营人员，亲自指导他，从"手机拍摄工厂素材的技巧"到"撰写吸引眼球的文案"，并坚持每周三次视频会议进行复盘。

我始终坚持：善意不能停留在口头，要变成具体的帮扶动作，让对方切实感受到"你在为他着想"。就像海底捞的"师徒制"一样，师傅带徒弟不仅会有额外的奖金，而且当徒弟成长成才后，师傅还能获得"人才培养奖"，这样就把"帮助他人"这一理念转化为了一种可量化、可感知的激励。

（2）第二正：构建双向正反馈，让善意形成"滚雪球"效应。

① 第一重正反馈。

我们有些站长刚加入时很内向，不敢出镜拍视频。我让老站长带他拍"工厂参观"的口播，从"大家好，我是某某，今天带大家看看我们的生产车间"开始，每次进步都在群里表扬。后来他主动尝试"产品测评"类视频，单条视频涨粉 2 万，现在成为新人网红站长的标杆。当员工们的每一点小进步都被及时发现并受到表扬时，他们就会在心中产生"我能做得更好"的积极暗示，进而形成一个"行为改变—成果反馈—更积极行为"的良性循环。

②第二重正反馈。

2023 年，我们发现站长的私域转化率普遍低于 30%，于是我们"一箱办"网红站长服务小组花了三个月时间，投入巨资请专业的咨询顾问协助开发了"私域 SOP 系统"，包含客户标签管理、朋友圈模板、100 个常见问题应答话术。使用后，转化率迅速得以提升，站长平均月收入增加 1.2 万元。这个过程中，网红站长的成长让我看到了"投资人才"的回报，于是更愿意在培训、开发工具上投入，形成"团队提升—业绩增长—反哺团队"的良性循环。

双向正反馈的本质：打造"利益共同体＋情感共同体"。在我们合伙人模式中，站长不是代理商，而是"事业合伙人"。我们会根据他们的建议调整产品结构，比如 2024 年新增的"奶茶杯定制"业务，就是来自站长对餐饮客户需求的反馈。这种"你中有我，我中有你"的关系，让站长们愿意主动挖掘客户需求、优化销售策略，因为他们知道：帮助公司成长，就是帮助自己赚钱。

4. 从团队管理到客户服务，全场景落地指南

（1）用"双人双正"打造铁军。

① 新人入职：先"暖人心"，再"定规则"。

新人培训第一天，不是讲规章制度，而是"创业故事分享会"，我将分享自己从保安到创业的心路历程，让新人深切体会到"这是一个凭借奋斗改写命运的地方"。然后才会分发《站长操作手册》，明确每天的工作流程和奖励机制。先建立情感认同，再谈规则执行，事半功倍。

② 日常沟通：用"正向语言"替代"负面批评"。

若站长视频的播放量不尽如人意，我们不会直接批评"你拍得太差"，而是启发思考：你觉得这条视频中的哪个亮点最吸引眼球？如果将工厂生产的镜头延长 3 秒，会不会更精彩呢？这种引导式沟通，让员工感受到：你在帮他解决问题，而不是指责他。根据企业内部沟通效率的数据分析与改进方案，实施"正向沟通法"后，员工的问题解决效率显著提升，达到 60% 的增幅。

③ 激励设计：把"个人目标"融入"团队愿景"。

我们设立了"站长联盟奖金池"，团队整体业绩达标后，每个成员都能获得额外奖励。2024 年 Q3，站长超额完成目标，每人额外获得一定的流量扶持金，而他们在日常生活中会主动分享客户资源、拍摄技巧，因为他们知道：帮助队友，就是帮助自己。

（2）客户服务：把"客户"变成"合伙人"。

① 售前：用"利他思维"设计产品。

我们的包装产品坚持"2000 个起订"，因为我们发现很多小餐饮老板需要小批量定制，但传统工厂起订量高、价格贵。该政策实施后，短短 3 个月内便吸引了 2 万家小微客户的青睐，他们纷纷表

示："终于找到了能满足我们小订单需求的理想工厂"。洞察客户痛点，提供超预期价值，就是最大的善意。

②售中：用"透明机制"建立信任。

每个客户下单后，都能在系统里实时查看设计稿、生产进度、物流信息，甚至可以申请参观工厂。2023 年，有个客户怀疑我们的环保材料不达标，我们直接邀请他到工厂参与质量检测，后来他不仅成为长期客户，还介绍了 8 个新客户。流程的透明化，无疑向客户传递了一个强烈的信号："我们的产品品质经得起任何检验！"

③售后：用"快速响应"放大善意。

客户收货后发现印刷颜色存在细微偏差，我们立即启动重新生产流程，并在 3 天内补发了新货，同时，为表歉意，我们还额外赠送了 1000 个包装袋作为补偿。及时解决问题，甚至超预期补偿，客户会感受到"被重视"，从而成为忠诚客户。

5.3.2　打造十倍速执行力的背靠背作战体系

1. 信任筑基

让团队从"互相猜疑"到"把后背交给彼此"。我见过太多团队败在"信任"上：老板防着员工藏私，员工抱怨制度不公，部门之间踢皮球。我们则靠三个"笨办法"，把信任炼成了团队的核心竞争力。

（1）透明到"连账本都摊开"的沟通。

我们一位新站长，第一次投流 2000 元全打了水漂。换作别的公司，他可能早就被批评"乱花钱"，但我让他打开后台看数据：尽管视频的播放量达到 2.3 万，但完播率比较差，评论区全是"这跟我有啥关系"的留言。

通过分析，我们发现问题主要是内容没说到客户心坎里。当天下午，我们网红站长服务小组与站长迅速开会，从标题到文案，再到剪辑一个个展开分析，在大家二次剪辑这条视频后，其在抖音播放量达到120多万次。

现在我们的"站长成长记录"就像一本公开的流水账：每条视频花了多少钱投流，带来多少咨询，甚至工厂给每个订单的生产成本，站长都能实时查看。每周周会，我们会把各团队的客户复购率、差评率直接写在白板上，好的案例予以表扬，差的地方当场拉着团队一起找解法——没有藏着掖着，大家心中明了，积极性自然高涨。

（2）责任共担不是喊口号，是真金白银绑在一起。

2023年夏天，平台算法突然调整，好几个站长的流量被腰斩。我们连夜组建了一个"战时小组"：站长负责拍新内容，运营盯着投流数据，工厂加急打样新包装袋，所有人的收入都和流量恢复速度挂钩。一位站长想出"客户验货"的新模板，我们当天就把工厂的货车改成拍摄场地，连夜拍了5条视频。第二天数据回暖，一周后流量比之前提高了20%。

我常跟团队成员们说："我们不是简单的上下级关系，而是并肩作战、共同开创事业的兄弟。"现在每个站长都是"利润合伙人"，直接分到订单利润的15%～25%，而且还会拿到公司"网红站长基金"投流奖励。2024年，一位站长因未能及时回复客户消息而失去了订单，他主动在例会上进行了深刻的反思——因为他深知，这不仅影响了公司的业绩，更直接关乎到自己的收入。

（3）让每个人的优势都能"顶起一片天"。

在我们这儿，从不要求每个人"全能"，而是讲究"铁三角组合"：比如有的擅长拍短视频，一条"工厂老板揭秘包装成本"的视频能达到 130 万的播放量，但客户咨询一多就顾不过来，没关系，团队里的人员会主动帮忙梳理客户需求，整理成表格；服务小组则帮忙盯着工厂生产，确保设计稿上的每个细节都能落地。

新人网红站长刚来时不敢出镜，我们让他先学习老站长是如何拍视频，如何管理私域客户。让他们花时间学习如何把 2000 多个客户按"餐饮老板""电商卖家"分类，备注每个客户的喜好和订单习惯。慢慢地，让团队每个人都明白，把一件事做到极致，就是团队最需要的人。

2. 打造执行力的底层功夫

把目标拆解成"每天能干的小事"。我们采用了一种有效的目标管理策略，称之为"目标三级拆解法"。例如，为了实现"年度营收增长 50%"的目标，我们将其拆解为"每月新增 20 个核心客户"和"私域复购率提升 15%"两个关键子目标。进一步，我们将这些子目标细化并分配到每个团队成员：站长负责每天制作 1 条产品视频、添加 10 个客户微信、回访 3 个老客户，确保目标的落实。

为了目标落地，我们专门做了一张"每日作战清单"，每完成一项就划掉一项。

3. 在"快鱼吃慢鱼"的时代跑出加速度

传统制造业最容易栽在"慢"上：决策慢、执行慢、调整慢。但在包材这个行当，客户追求的是高效，而在短视频平台上抢夺流量的速度更是至关重要，我们凭借三个"土方法"，将速度提升至极致。

（1）小步快跑试错，把失败成本降到最低。

2024 年初，我们发现餐饮客户开始流行"国潮风"包装，没有进行大规模策划，而是让三个站长团队分别拍摄了 3 条风格各异的视频：A 组聚焦于设计稿的创作流程，B 组深入工厂生产一线，C 组则记录了客户开箱的真实瞬间。每条视频只投 500 元，24 小时后看数据：C 组的互动率最高，直接把这个模板标准化，三天内全团队复制，一周就接到 200 多个订单。

另外，我们每月实施"小成本试错"策略，为每个团队提供一定额度的"试错基金"，以鼓励创新和尝试。

（2）问题不过夜。

为了不让问题过夜，我们设计了一张"问题反馈表"，上面列着"问题是什么→影响多大→现在卡在哪→需要什么帮助→什么时候解决"，要求大家发现问题后 10 分钟内填完发群里，收到的人必须 30 分钟内回应。一次有一个站长半夜发现"设计稿审核超时"，填完表半小时，设计部就给出了加急审核的方案，24 小时内就把流程理顺了。如今，大家已养成良好习惯：白天的问题必在白天解决，晚上的问题则不过零点，确保问题绝不"过夜发酵"。

（3）一旦掉链子，有人帮你扛。

为了应对突发情况，我们提前给每个站长配了"应急搭档"，就像打仗时的"AB 角"：A 角负责主攻，B 角平时跟着学，关键时刻能顶上。2024 年"双 11"，客服团队应接不暇时，预设的"AB角"即刻顶上，主客服一旦忙碌，搭档便能在 1 小时内接手客户咨询和订单处理，保证每位客户得到及时响应。

4. 让目标从"墙上的口号"变成"手里的行动"

很多企业开会时喊"目标必达"，但落地时全是虚的。我们靠 3 个方法让目标变成每个人每天的具体动作。

（1）目标拆解到"每天做什么"，钱袋子跟着动。

2024 年，我们定了一个"私域复购率提升到 60%"的目标，如何让站长们重视？我们将其拆分为小目标：每日添加 10 个客户微信好友，每周发布 3 条有针对性的朋友圈，每月对老客户进行一次回访电话。

（2）数据不是给老板看的，而是让每个人知道怎么改。

我们给每个团队设了三个"硬指标"：视频爆款率、私域转化率、客户复购周期。每周都会开会复盘，数据看板往墙上一投，对于爆款率低于 15% 的团队，立即安排"爆款教练"进行"一对一"辅导；若复购周期超过 7 个月，则立即组织团队复盘客户维护流程。2023 年发现私域转化率低，我们花重金开发了一套"私域 SOP 系统"，把 100 个常见问题的应答话术、朋友圈发布模板全放进去，3 个月后转化率从 30% 提到了 55%。

最为关键的是，这些数据要让站长自己就能看懂：完播率低，说明视频前 3 秒没抓住人；评论少，说明内容没引发共鸣。如今，新入职的站长仅需一周时间，便能依据数据看板自主调整策略，无须领导指导——这使他们能够自主掌控收入，这无疑是最有力的激励。

（3）把经验变成"傻瓜手册"。

每周复盘会，我们专门挑选"失败案例"深入分析。比如一位站长的视频流量突然下跌，我们一条一条看，发现他连续三周都使用同一种模板，客户看腻了。当场让团队想办法，最后想出"拍客户故事"的新玩法：记录餐饮老板用定制包装袋提升生意的过程，结果播放量很快就涨起来了。这个经验马上被写成《爆款视频迭代手册》，所有站长都能直接套用。

我们另有一本"错题集"，专门记录失败的案例：哪条视频未能走红，是脚本问题还是投放策略不当；哪个客户流失，是需求把握不准还是售后服务跟不上。2023 年汇总了 27 个"流量翻车案例"后，我们总结出"前 3 秒必现客户痛点""避免工厂镜头堆砌"等 12 条铁律，后来视频爆款率直接提升 40%。现在新人培训，直接拿这本"错题本"当教材，踩在前人的肩膀上前行，则少走了不少弯路。

把胜仗败仗都变成"工具包"为了让新人更快上手，我们攒了一套"实战工具包"：里面全是实战打磨出来的短视频模板，比如"客户痛点 + 解决方案 + 工厂实拍"的结构，站长只需替换产品信息，播放量就能稳定在 5 万+；还有"客户谈判话术""私域运营SOP"，连朋友圈什么时候发、怎么发都给了范例。去年来了个初中毕业的新人，跟着工具包学了 3 天，拍了 1 条"早餐店老板抱怨包装袋不结实"的视频，没想到爆了 10 万播放量，直接开了 3 单。

5.4 利他分权机制：从 KTV 保安到百人团队的领导者

管理者常常陷入"重奖罚，轻激励"的管理迷局。尽管车间里高悬的奖惩公告栏、每月绩效单上的红黑数字看似能驱动员工，但这种做法往往难以触及员工的内心，缺乏对员工深层次需求的理解和满足。

其实，当我们深入剖析那些基业长青的企业时，会发现一个惊人的事实：真正推动企业持续发展的，不是冰冷的奖惩制度，而是一套能激发员工自驱力的"利他分权机制"。

5.4.1 传统管理模式的困局与人性洞察

传统制造业常用的"胡萝卜加大棒"管理方式，本质上是基于人性的"趋利避害"假设。迟到扣钱、超额完成任务发奖金，这些看似合理的制度，在实际运营中却暴露出诸多问题。比如某五金加工厂老板曾坦言，设立全勤奖后，员工迟到现象反而增多，因为大家都觉得"反正迟到扣的钱比全勤奖少"；而绩效奖金的发放，也常因标准模糊引发员工不满，最终沦为形式。

这种管理模式的核心缺陷在于，仅仅将员工视作"被管理者"，从而忽略了人性中对于自我价值实现的深切渴望。心理学中的"自我决定理论"指出，人有自主、胜任和归属三种基本心理需求。当工作能够满足这些基本心理需求时，员工便会自然而然地产生内在动力；相反，过度依赖外部的奖罚机制，往往会削弱员工的这种自驱力。

海底捞的服务奇迹，源于公司对员工的充分授权和培养员工的归属感。员工不仅主动为顾客提供额外服务，如擦鞋和送小礼物，而且在公司文化中感受到的自主权和归属感，是推动他们超越常规服务的关键。店长有权给顾客免单，员工犯错不会被一味指责，这种"信任式管理"模式激发了员工的主动性，使他们从被动的"要我做"转变为积极的"我要做"。

5.4.2　利他分权机制的本质

利他分权机制的核心，是将企业与员工的利益深度绑定，构建命运共同体。这种机制并非仅仅涉及利润分成，而是涵盖了组织架构调整、分配机制改革以及文化价值观重塑的系统性变革。

1. 组织架构：打破层级，赋予一线决策权

传统企业的科层制结构，导致信息传递缓慢、决策效率低下。比如"韩都衣舍"服装品牌引入"阿米巴经营模式"后，将生产线划分为多个独立核算的小单元，每个单元负责人有权决定原材料采购、人员调配等事项。这种扁平化管理模式，让员工真正成为"经营者"，不仅提高了生产效率，还培养了员工的成本意识和创新能力。

2. 分配机制：让价值创造者获得超额回报

以往薪酬体系大多基于岗位设置，难以准确反映员工的实际贡献和绩效。而利他分权机制倡导"按价值分配"，通过利润分成、股权期权等方式，让员工分享企业发展成果。

比如，一家食品加工厂实行"增量利润共享计划"，将每年超出目标利润的部分，按一定比例分配给全体员工。三年间，企业利润显著增长，员工收入也有所提升，体现了企业与员工共同分享发展成果的趋势。

3. 文化价值观：从"利己"到"利他"的升华

利他分权机制的落地，离不开文化土壤的培育。企业可以将

"成就客户、成就员工"等作为核心价值观，定期组织员工分享成功案例，设立"利他之星"奖项，对帮助同事、为客户创造价值的员工给予表彰。这种文化氛围的熏陶，使员工逐渐从个人利益的狭隘视野中跳出，转而拥抱团队和企业的共同福祉。

5.4.3 为何无须过度奖罚

利他分权机制之下，那些心怀热忱、能力出众且成果斐然的员工，自然而然地孕育出强大的内在动力，其根源可归结为以下三个方面。

1. 目标一致

个人追求与企业愿景深度融合。当员工通过分权机制与企业形成利益共同体时，他们会将个人目标与企业目标紧密结合。某汽车零部件企业的技术骨干，为攻克一项关键技术难题，主动放弃休假，带领团队日夜攻关。他说："这项技术突破不仅能提升企业竞争力，也关系到我们团队的分红，大家都想拼一把。"

2. 能力成长

在实战中实现自我超越。利他分权机制为员工提供了广阔的成长空间。某电子制造企业推行"内部创业计划"，鼓励员工提出创新项目，成功后可获得项目股权。一位基层员工提出的智能检测方案，不仅提高了生产效率，还让他从普通员工晋升为项目负责人。这种"边干边学，学以致用"的模式，使员工在创造经济价值的同时，其能力也得到持续提升。

3. 价值认同

马斯洛需求层次理论指出，人最高层次的需求是自我实现。利他分权机制通过公开透明的分配方式和荣誉体系，让员工的贡献得到认可。比如，企业可以设立"创新贡献榜"，将员工的创新成果在公司展厅展示，并给予物质奖励和晋升机会。这种"看得见的价值"，能让员工获得强烈的成就感和归属感。

5.4.4　分钱与分权并行

在团队管理里，权力和金钱这两样东西，少了哪一样都不行，要不然团队很难长期保持自我驱动的状态。权力就像个制度工具，让成员能调配资源、参与决策，自然就会把公司的事当自己的事；而金钱这方面，通过工资、奖金、股份这些具体方式，给努力的人看得见的回报。就像车的两个轮子，当领导们能把放权和发钱的尺度把握住，把公司目标变成个人奋斗的方向盘时，团队才能真正爆发出持久的创造力和战斗力。最后形成大家目标一致、利益共享的良性循环。

1. 精准诊断企业现状

先摸透员工心思，再确定分钱规则。推行分钱机制前，企业需要开展深度的"组织体检"。这就好比经营餐厅必须先摸清食客的口味偏好，企业管理者同样要精准定位员工对现有分配体系的不满根源——究竟是销售人员对订单提成核算存疑，还是一线员工吐槽"大锅饭"式的薪酬体系？最有效的方式莫过于放下身段，与员工展开真诚对话：随机选取 20 名不同岗位的员工，通过非正式的茶歇、座谈，抛出关键问题："如果由你来设计奖金制度，怎样的分配方式才最能体现公平性？"

海尔"人单合一"改革的成功经验极具借鉴价值。张瑞敏带领团队耗时三个月开展全员访谈，发现技术人员普遍对专利成果转化收益分配不满，认为自身贡献未得到合理回报；基层工人则对设备故障连带扣薪制度怨声载道。正是基于这些真实诉求，改革方案才得以直击痛点。对于中小企业而言，两周时间的深度调研远比依赖咨询报告更具实践价值。毕竟，最了解企业运行症结的，永远是身处一线的员工。

调研完成后，企业需将收集到的员工诉求进行系统梳理与分析，按照岗位性质、工作内容、贡献形式等维度进行分类汇总，形成一份翔实的诊断报告。这份报告不仅要清晰呈现员工的不满与期待，更要提炼出当前分配体系存在的结构性问题，为后续设计分层分类的激励方案提供精准的决策依据。

2. 设计分层分类的激励方案

不同角色不同"分钱逻辑"，千万别搞"一锅煮"。分钱要像切蛋糕：销售、技术、生产各有各的胃口，得按需求分。我见过太多老板照搬别人的"全员分红"，最后闹得不可开交，关键是没搞懂：销售要"即时反馈"，技术要"长期回报"，生产要"多劳多得"。

对于销售团队，核心是"绑定长期价值"。如果你是工厂老板，以前销售只盯着新订单，老客户年年流失。你可以修改规则：维护老客户订单增长，额外再给 2% 的奖励。这样一来，销售人员便会在拜访客户时，不再只推销新产品，还会帮助客户解决售后问题——因为他们知道，留住客户，自己才能长期赚钱。

148

而技术团队，则核心要义在于构建"成果价值转化"的闭环机制。以美的集团为例，通过实施研发项目跟投激励制度，允许技术人员以项目奖金作为跟投资金参与自主研发项目。在项目实现盈利后，技术人员除固定薪酬外，还可依据投资份额获取超额利润分成。此机制有效激发了研发团队的市场导向意识，使技术人员主动聚焦技术成果的商业化落地，形成"企业盈利与个人价值实现双向赋能"的良性循环。

最后，对于基层员工，关键是"看得见的实惠"。比如，你是一家食品厂老板，你可以这样做：把每道工序的单价明码标价，包装工每包一箱合格产品赚 2 元钱，质量全检达标再额外奖 0.5 元。其实基层员工不求大富大贵，就图个"干得多、赚得多，付出能看见"。

3. 建立透明化的核算体系

让员工看懂"自己的钱怎么来"。记住，分钱时最忌讳"暗箱操作"。企业千万不能算利润像算卦，员工根本不知道自己的贡献值多少钱，自然觉得不公平。现在有了数字化工具，这个问题不难解决：利用用友、金蝶等这类系统，把订单数据、生产成本、利润分成全打通，每个员工登录就能看到：自己这个月拉了多少订单，省了多少成本，对应的奖金是怎么算出来的。

4. 循序渐进，试点先行

（1）先"小范围试水"，再"大面积推广"。

改革不能搞"大爆炸"，得先找块"试验田"试试。国内有一家很知名的上市公司，当年推行股权激励，先在打印机业务部试点，发现基层员工对"五年后的股权"兴趣不大，更想要"季度现金奖励"，于是重新调整方案，后来推广到全集团就顺风顺水了。

我曾接触过一家建材企业，老板受胖东来企业管理观念的影响，决定搞"利润共享"，但担心步子太大出乱子，就先在销售部试点：把年度目标拆成季度小目标，完成目标后，超出部分的 30% 拿出来分红。第一个季度没达成，员工抱怨"目标定得太高"；第二个季度，老板带着大家一起分析成本，发现物流费占了 11%，于是员工主动联系专线物流公司谈折扣。结果第二个季度不仅达标了，每个人分红还多拿了好几千。试点半年，方案改了 7 版，等推广到全厂时，员工心里都有底，没人觉得这是"老板画饼"。因此，让一部分人先尝到甜头，比开 10 次动员会都有用。

（2）分钱成败，本质是"算好共赢账"。

很多老板担心分钱会让自己吃亏，其实算反了账：员工赚不到钱，谁愿意跟你长期干？海底捞把服务员的奖金和顾客满意度挂钩，服务员主动给顾客送皮筋、擦鞋，表面上增加了人力成本，结果回头客暴增，翻台率提升，老板反而赚得更多。这背后是个简单的商业逻辑：员工的利益和公司的利益绑得越紧，他们越会把公司的事当成自己的事。

因此，别在"怎么少分钱"上费心思，多想想"怎么让蛋糕做大"。当销售知道维护老客户能长期分成，当技术人员明白技术转化能拿分红，当工人看到多干活就多赚钱，不用你盯着，他们自己就会想办法开源节流。就像那位做阀门的老板说的："以前我怕员工多拿钱，现在我盼着他们多拿钱——他们赚得多，说明我的生意做得好，这才是长久之计。"

（3）分钱要做好两件事。

分钱机制的核心就两条：一是让员工清楚"干好干坏不一样"；二是让员工看到"跟着公司有奔头"。如果你是老板，不妨从明天开始，先在一个小部门试试：比如给销售加上老客户维护奖，给生产线上的骨干试试计件提成透明化。不用一步到位，让员工感受到"利他不是口号，是真的为他们着想"，慢慢地，人心就聚起来了，团队就活起来了。

本章小结

在企业的发展过程中，人才是核心驱动力，而打造一支能打硬仗的团队，关键在于"选对人、分好钱、聚齐心"。本章围绕传统企业和中小企业的团队管理痛点，分享了一套可行性的实战方法。

章末思考

你是否曾因为"看走眼"用错人，导致团队士气受影响？下次选人时，你能否多花点时间观察被面试者的沟通方式和包容度？

员工每天是"打卡混日子"，还是"主动找事做"？你的激励机制，有没有让他们觉得"干好干坏不一样""跟着公司有奔头"？

当团队遇到突发问题，是互相推诿还是并肩作战？你有没有放下"老板架子"，和员工一起面对问题，研究解决问题的方法？

管理没有高深的理论，本质是"将心比心"。与其抱怨"现在的年轻人不好管"，不如想一想如何让员工在工作中获得尊重、看到希望。

第6章
创始人 IP 打造：站着赚钱的信任经济

在数字经济与注意力经济交织的时代，创始人 IP 早已超越个人品牌营销范畴，成为企业重构竞争优势、突破增长瓶颈的战略级资产。它不仅是企业价值观的人格化载体，更是撬动商业生态资源、重塑行业话语权的核心杠杆。对于传统企业而言，创始人 IP 的打造是突破同质化竞争、实现价值跃迁的关键路径，其背后蕴藏着深刻的商业逻辑与实战方法论。

6.1　认知革新：创始人 IP 的底层逻辑

6.1.1　IP 核心本质：信任资产的价值转化

创始人 IP 的本质，是将企业价值主张浓缩成一个有温度的人格化符号。在商业世界里，这种符号化的信任资产往往比冰冷的财务数据更具穿透力——它让抽象的企业理念变得可感知、可认同，甚至可追随。就像人们提起小米就会想到雷军的极客情怀，说起格力会联想到董明珠的坚韧果敢，这些鲜活的个人形象，本质上是企业与外界建立情感连接的信任桥梁。

随着企业进入成长期，创始人 IP 的价值开始向品牌溢价转化。董明珠与格力的绑定堪称经典：她在公开场合的每一次发言，从强调核心科技自主研发到坚持不打价格战，都在不断强化格力品质可靠的品牌标签。在空调市场陷入价格混战的时期，消费者愿意为格力产品支付更高的价格，不仅是因为产品性能，更是因为董明珠的个人形象传递出一种不会偷工减料的隐性承诺。这种信任溢价的高明之处在于，它让格力在原材料涨价等外部冲击下仍能保持稳定的利润空间——当同行还在为成本斤斤计较时，格力早已通过创始人 IP 构建的信任壁垒，在消费者心中建立了"贵有贵的道理"认知。

值得注意的是，创始人 IP 的构建需要言行一致的底层支撑。雷军坚持在社交媒体分享产品使用体验，董明珠敢于公开承诺格力空调质量信得过，这些行为本质上是将个人信誉与企业承诺深度绑定。当创始人的公开表达与企业实际行动形成闭环，信任资产才能真正沉淀下来。反之，若过度消费创始人 IP 而忽视产品本质，终会导致信任被透支。

从更长远的视角看，创始人 IP 的最高境界，是让个人形象成为企业价值观的活体注解[①]。当消费者看到雷军在发布会上为一个技术细节较真时，会自然相信小米产品的工匠精神；当董明珠在采访中强调不赚快钱时，会潜意识认可格力的长期主义。这种润物细无声的信任构建，比任何广告都更具说服力——它让企业不再是冰冷的商业实体，而是拥有清晰人格特质的伙伴，这正是创始人 IP 难以被复制的核心竞争力。

---

① 活体注解：以真实存在的、有生命的人或动植物等为实例，来生动形象地解释，说明某个概念、现象或特点。

6.1.2　垂直突围：聚焦精准用户的 IP 优势

在信息爆炸的碎片化传播时代，垂直领域的 IP 打造就像在广袤的商业森林中开辟一条专属小径。这条路径遵循"窄众引爆 - 生态扩散"的增长逻辑，其核心在于精准定位利基市场，深度挖掘小众用户的高价值需求，从而构建起难以复制的差异化竞争优势。这种模式完美诠释了长尾理论——当大多数人在热门赛道拥挤时，垂直 IP 却能凭借对细分领域的深耕，收获意想不到的商业价值。

以华与华创始人华杉为例，他专注于企业战略营销领域，用"超级符号就是超级创意"这一理论作为突破口，在广告营销行业树立起权威的 IP 形象。

深入分析垂直 IP 的成功逻辑，我们会发现其核心在于"精准"二字。精准定位目标用户，意味着深入了解他们的痛点、需求和情感诉求；精准输出价值，要求 IP 在内容创作、服务提供上保持高度的专业性和独特性。同时，垂直 IP 的打造是一个长期的过程，需要持续的投入和耐心。就像培育一棵大树，只有扎根足够深，才能抵御市场竞争的风雨，实现从小众到大众的生态扩散。

对于中小企业而言，与其在红海市场中盲目竞争，不如借鉴垂直 IP 的成功经验，找到属于自己的细分领域，深耕细作，打造出具有竞争力的专属IP。

6.1.3　企业基因：IP 与组织发展的深度关联

创始人 IP 绝非简单的个人标签，而是如同企业的精神领袖，与组织发展形成"基因同构"的共生关系。这种关系渗透在企业运作的每个环节，从战略方向的抉择到日常运营的细节，都能看到 IP 对企业发展的深刻影响，其作用机制可从战略、文化、运营三个层面进行深入解析。

在战略层面，创始人 IP 就像企业航行的灯塔，为航行指明方向，成为战略决策的核心锚点。以马云为例，他那句"让天下没有难做的生意"，并非只是一句口号，而是通过他在各种场合的分享、演讲，逐渐转化为阿里巴巴的战略灵魂。从早期搭建 B2B 平台帮助中小企业打通贸易渠道，到打造淘宝、天猫构建电商生态，再到布局新零售、云计算等领域，阿里巴巴的每一次战略转型，都紧扣"降低商业门槛赋能商家"的理念。马云通过自身 IP 的影响力，将这一理念传递给整个团队和合作伙伴，让看似宏大的战略目标变得具体可感，形成强大的战略向心力。这种 IP 与战略的深度绑定，使得阿里巴巴在复杂多变的市场环境中，始终能围绕核心价值不断突破，保持发展的连贯性与前瞻性。

在文化维度上，创始人 IP 是企业文化最生动的诠释者和传播者。任正非所倡导的"狼性文化"，通过他本人的故事和言论，深深烙印在华为人的心中。在华为，从研发攻坚到海外市场拓展，员工们总能展现出艰苦奋斗、团结协作的精神。记得在 5G 技术研发的关键时期，华为的研发团队常常为了一个技术难题，通宵达旦地研讨，这种拼搏精神背后，正是"狼性文化"的驱动。企业文化一旦与创始人 IP 深度融合，就不再是墙上的标语，而是成为员工自发遵循的行为准则。它赋予企业强大的凝聚力和战斗力，让团队在面对挑战时，能够拧成一股绳，朝着共同的目标前进。这种文化驱动的组织效能，远比规章制度更能激发员工的内在动力，成为企业持续发展的重要保障。

在运营维度上，创始人 IP 则发挥着优化资源配置的关键作用。以雷军和小米为例，雷军提出的"铁人三项"商业模式——硬件＋互联网＋新零售，通过他的个人分享和传播，不仅让消费者理解小米产品的独特价值，也让合作伙伴看到了新的商业机会。很多"米粉"愿意第一时间抢购小米新品，不仅是因为产品本身，更是出于对雷军和小米品牌的信任。这种信任极大地降低了营销成本，让小米能够以更高效的方式触达用户，实现快速增长。

创始人 IP 与企业组织发展的深度关联，本质上是将个人的价值观、理念转化为企业的集体行动逻辑。当 IP 的影响力贯穿战略、文化、运营等各个层面时，企业就能形成强大的内生动力。对于企业管理者而言，打造创始人 IP 不应停留在表面包装上，而要将 IP 的内核与企业的发展需求紧密结合，让 IP 真正成为推动企业成长的核心力量。

6.2　战略价值：IP 驱动商业增长的关键要素

6.2.1　谈判优势：提升商业合作的议价能力

创始人 IP 的价值，在商业谈判桌上往往体现为一种无形却有力的信任货币。这种货币的流通逻辑，本质是社会认同心理的商业投射——当创始人在行业内建立起鲜明的专业形象或创新人设时，合作伙伴会不自觉地将对创始人的认可延伸至企业，从而在谈判中形成心理倾斜。

以马斯克为例，他在电动汽车与太空探索领域的双重突破，使其个人 IP 成为颠覆性创新的代名词。这种强大的认知势能，让特斯拉在与电池供应商谈判时具备独特优势：供应商不仅看重短期订单，更希望通过合作绑定行业变革者的标签，从而在长期技术迭代中占据先机。最终，特斯拉得以用更优的价格锁定关键资源，为产品性价比构建了坚实基础。这种议价能力的核心，并非单纯的规模效应，而是 IP 所承载的未来价值预期——合作伙伴相信，与这样的企业共成长，能获得超越当下利益的战略红利。

以我为例，"包材大王梁涛"这一创始人 IP 的塑造，为我在商务谈判中带来了显著溢价优势。2024 年夏天拜访某连锁企业时，其创始人特意召集采购团队，向负责人介绍我："这位可是包材界的意见领袖，抖音热门推荐的行业标杆。今后新增门店的包材供应就由涛哥团队承接，具体报价以他们方案为准。"试想，我若没有持续构建个人品牌形象，缺乏行业认同支撑，能在谈判桌上获得这般主动权吗？答案显而易见。

6.2.2　协同增效：促进团队与伙伴的协作效率

创始人 IP 对组织的赋能，如同在团队中种下一颗共识种子，随着时间推移，这颗种子会生长为支撑协作的精神纽带。

在企业内部，马云的"新六脉神剑"价值观通过其个人 IP 的持续传递，早已超越了规章制度的层面。阿里员工在"双 11"等关键战役中展现出的协同力，本质是对"客户第一、团队合作"等理念的深度认同。这种认同让几万人的团队在面对亿级流量冲击时，能够像精密齿轮般高效运转——技术团队熬夜优化系统，运营团队实时调整策略，客服团队 24 小时在线响应。创始人 IP 在这里的作用，是将抽象的企业文化转化为具象的行动指南，让每个员工都清楚：我做的事，代表着马云所坚持的阿里精神。

外部生态的协同，则体现为 IP 的磁石效应。雷军的小米生态链模式之所以成功，正是因为他的个人 IP 为生态伙伴搭建了信任桥梁：加入小米生态链，意味着获得雷军背书的供应链资源、渠道支持与品牌赋能。这种吸引力让众多初创企业愿意接受小米的合作框架，因为他们相信，跟随雷军的脚步能加速商业验证，少走弯路。而小米则通过生态链企业的产品矩阵，快速完善智能家居布局，形成"你中有我，我中有你"的共生关系。这种协同的本质，是创始人 IP 降低了商业世界最宝贵的成本——信任成本。

6.2.3 壁垒构建：增强企业市场竞争的防护力

创始人 IP 构筑的竞争壁垒绝非单维屏障，而是跨圈层渗透、全触点共振的生态系统，恰似用战略认知的钢筋混凝土浇筑成复合防线，为企业打造兼具市场威慑力与品牌吸引力的战略护城河。

在技术标准层面，任正非带领华为积极参与 5G 标准制定的过程，本质上是通过 IP 的行业话语权，将企业技术优势转化为游戏规则。当华为的专利成果成为全球通信标准的重要组成部分，竞争对手即便投入巨资，也难以绕过这些技术关卡。这种壁垒的高明之处在于，它不仅保护了现有市场，更定义了未来竞争的赛道——谁掌握了标准，谁就拥有了产业升级的主动权。

再来看看品牌认知壁垒的构建，其则依赖于 IP 与消费者心智的深度绑定。董明珠与格力的关系，堪称"人牌合一"的典范。消费者选择格力空调，很多时候是因为董明珠说过，格力要做"让世界爱上的中国造"的好产品。这种信任的建立，不是靠短期广告轰炸，而是源于董明珠多年来在公开场合对质量的执着、对创新的坚持。当董明珠成为高品质的代名词，格力的品牌护城河就具备了情感层面的不可替代性——即便竞品性能相近，消费者仍会倾向于选择这个有董明珠背书的品牌。我们公司的商业模式顾问姜开成老师有一次跟我说："涛哥，你知道为什么我们家所有的空调都是格力的吗？因为董明珠'让世界爱上中国造'打动我了，所以我一定要用消费的方式支持她。"

总之，IP 驱动商业增长的本质，是将创始人的个人魅力、专业能力与价值主张，转化为企业的战略优势、协作效率与竞争壁垒。

6.3 体系搭建：创始人 IP 从 0 到 1 的实现路径

6.3.1 精准定位：锁定目标决策群体的策略

创始人 IP 的精准定位需遵循"三维穿透模型"，即决策层级穿透、专业壁垒穿透与情绪共振穿透。在决策层级穿透方面，企业需明确目标决策群体的层级结构，针对不同层级制定差异化的 IP 传播策略。例如，在 B2B 领域，面向企业决策者，IP 内容应聚焦战略规划、商业模式创新等宏观层面；面向技术负责人，内容则需深入技术细节与解决方案。以用友软件创始人王文京为例，其 IP 内容针对企业 CIO 群体，分享数字化转型战略与技术应用案例，为此成功在企业管理软件市场建立起专业权威形象。

再以我为例，在决策层级穿透上，我可是下足了功夫。我做包材定制，目标客户既有餐饮、零售等行业的中小商家，也有大型企业的采购负责人。面对中小商家，我知道他们最关心的是能不能小批量定制、价格是否实惠、交货快不快。所以我在短视频里，经常联合我们"一箱办"网红站长展示给客户设计的特色餐饮包装袋，告诉他们 2000 个起订，价格划算，从创意设计到发货最快 72 小时。而对于大型企业采购负责人，我明白他们更看重企业的规模、实力和服务水平。于是我会着重展示我们 15000 平方米的工厂、完整的生产链，还有行业领先的 AI 设计技术。我会分享和一些知名连锁品牌合作的案例，让他们知道我们有能力承接大规模订单，并且能提供专业的服务。通过这样的方式，我成功触达了不同决策层级客户的核心需求。

在专业壁垒穿透方面，作为企业创始人，需通过专业知识输出与技术创新，建立行业权威地位。比如比亚迪创始人王传福，在新能源汽车领域，靠着持续的技术研发与专利布局，掌握核心技术，围绕技术创新输出内容，树立了"技术引领者"的形象。

在这方面，我也是一步一个脚印走过来的。我在包材行业摸爬滚打了十余载，认准了"包材定制"这个核心方向。我是行业里率先把 AI 设计引进定制包装流程的人，这可不是一时的跟风。通过短视频、直播、线下培训等，我给大家演示 AI 怎么快速生成多样化的包装设计方案，从创意构思到设计成形，每一步都详细讲解。我还会分享包装材料知识，如不同材质塑料袋的特性和适用场景；也会剖析生产工艺，比如包装印刷的色彩管理和工艺把控要点。慢慢地，大家都知道在包材定制这一块，梁涛是专业的，我也就在行业里站稳了"包材定制专家"的脚跟。

在情绪共振穿透方面，因为用户喜欢听故事，因此我们创始人需挖掘目标群体的情感需求，用故事化表达引发共鸣。就像褚时健的"褚橙"故事，讲述他晚年创业的艰辛，引发了消费者对企业家精神的敬佩与共鸣，推动了产品的销售。

我从月薪 350 元的 KTV 保安，到现在的"包材大王"，这一路的经历就是我和客户建立情感连接的纽带。我经常在视频里和大家坦诚分享我创业初期的艰难。那时候做土建赔了 13 万元，为了还钱，我一个人用两部手机，一部扮老板，一部扮业务员，坐着公交满北京城跑业务。后来做了很多投资，麦片厂、卖玉米的网店，都失败了。但我从来没放弃创业，最后在包材行业找到了出路。

我知道很多中小商家和创业者都在经历类似的困境，所以我把这些故事讲出来，就是想告诉大家，只要坚持，就能成功。没想到这些真实的故事，真的引起了大家的共鸣，很多人反馈能从我的经历里看到希望，也更愿意和我合作了。我也通过这种情感共鸣，和客户建立了牢固的信任关系。

6.3.2 内容创作：打造高影响力的内容矩阵

现在几乎每个人都拿着手机——抖音还没刷到底，视频号的新推送就冒出来了；头条新闻还没看完，朋友圈的小红点又在勾人点开。这种像机器人一样不停切换关注点的状态，让我们在信息浪潮里随波逐流，原本完整的思路被拆得七零八碎，活得像春天里的柳絮，随风飘扬找不着方向。

因此，在大数据时代，高影响力的内容创作就像在信息海洋中建造灯塔，需要精准的价值定位、灵动的形式创新和可持续的传播引擎。这套"价值锚定 - 形式创新 - 传播裂变"的黄金三角逻辑，本质上是对用户心智的深度解码。

1. 用价值锚定穿透用户心智

内容的核心竞争力，在于能否吸引用户非看不可的理由。这个理由可以拆解为三个维度。

（1）实用价值：解决具体问题的"工具箱"。比如餐饮老板最关心的降本增效，某餐饮 IP 通过拆解"如何用 3 招降低食材损耗率""外卖包装如何提升复购率"等实操内容，成为行业从业者的案头手册。

（2）情感价值：触发共鸣的"情绪开关"。新世相"凌晨四点的城市"系列之所以刷屏全网，是因为它捕捉到了都市人深夜未眠的孤独与奋斗，让每个观看视频的人都能在故事里找到自己的影子。

（3）认知价值：打破天花板的"思维升级"。罗振宇的"罗辑思维"早期内容，通过把复杂的商业理论转化为通俗易懂的故事，帮用户搭建认知框架，比如用分粥理论讲述制度设计，用边际效益介绍创业决策，让知识变得可感知、可迁移。

好的内容要像一把瑞士军刀，既有快速解决问题的锋利刀刃，又有长期陪伴成长的情感温度。当这三种价值形成合力，用户就会从偶尔观看变成主动期待，比如很多人养成每天听"罗辑思维"60秒语音的习惯，本质上是在为持续成长的自我期许买单。

2. 用形式创新让内容更受欢迎

同样的内容内核，换个形式就能焕发新生，关键是要了解视频平台的特性与用户习惯的"化学反应"。

（1）短视频平台：用剧情化包装降低理解门槛。比如张同学的农村生活视频，看似简单的日常却暗藏心机——紧凑的剪辑节奏配上抖音的碎片化消费，真实的生活场景触发了城市人的乡愁，无台词设计反而强化了视觉叙事的普适性。

（2）图文平台：用可视化思维提升信息密度。虎嗅 App 的产业分析报告，常把枯燥的行业数据转化为产业链图谱、竞争格局雷达图，让读者一眼看清关键节点；网易数读的滑动交互图表，更是把数据变成可互动的信息游戏，让严肃内容变得轻松有吸引力。

（3）跨文化传播：李子柒现象级传播效应的形成并非偶然性产物。其创作逻辑精准地把握了全球观众对东方美学的认知图式，通过以 4K 超清画质呈现传统手工艺的微观肌理，以节气时序构建东方农耕文明的时间美学体系，更重要的是主动剥离语言介质依赖——茶道演绎、桑蚕工艺等可视化叙事本身即构成普适性的文化世界语。这种弱化语言符号的视觉表达形式创新，使其影像文本升华为全球化传播场域的高流动性文化资本。

形式创新是一场"翻译工作"——把内容内核翻译成平台算法喜欢的流量语言，翻译成用户感官舒适的体验语言。比如同样是知识科普，B 站的 UP 主会用鬼畜动画解读经济学原理，小红书博主会用美妆教程类比商业逻辑，都是在做内容形态的在地化改造。

3. 构建让用户主动转发的底层机制

优质内容传播需借助突破圈层壁垒的助推机制，而构建有效的裂变传播机制需精准把握人性心理的三项核心诉求。

（1）社交货币：让用户愿意晒。用户转发内容，往往是为了表达"我是这样的人"。得到 App 的学习时长排行榜，满足了用户

"自我提升"的身份认同；冰桶挑战的公益传播，让参与者获得"有社会责任感"的标签——本质是内容帮用户完成了人设构建。

（2）激励系统：让用户有甜头。拼多多"砍价免费拿"的高明之处，在于把拉新成本转化为用户游戏化体验：用户每砍一刀的即时反馈、还差最后 0.1% 的悬念设计，让用户在帮朋友砍价的过程中不知不觉成为传播节点。瑞幸咖啡的"邀请得券"策略更直接，用真金白银的优惠刺激用户分享，形成"老带新 - 新变老"的滚雪球效应。

（3）网络效应：让关系链自己跑。企业微信的客户裂变链路、支付宝五福的春节社交场景，都是在利用熟人关系的信任背书。比如某教育机构设计的"组队学习返学费"活动，用户拉 3 个好友组队就能解锁折扣，本质是把营销费用转化为用户社交资本——反正要推荐靠谱课程，不如借这个机会和朋友一起省钱，两全其美的事自然愿意参与。

瑞幸咖啡早期的爆发式增长，正是把这三点运用到极致：线下门店的自提柜解决即时消费场景，小程序的裂变红包降低用户分享心理门槛，企业微信社群的"每日优惠提醒"保持活跃度。当用户发现喝瑞幸既能省钱，又能在朋友圈显得时髦，传播就成了自然而然的选择。

4. 内容创作的本质是价值共生

当你的内容能帮用户解决问题、表达自我、连接他人，自然会形成"用户愿意看、看得懂、看完还想分享"的良性循环。李子柒的视频不仅是内容产品，更成为全球观众理解中国的"文化接口"；罗振宇的知识分享不仅是付费课程，更成为千万人对抗焦虑的成长陪伴——这种超越商业层面的价值共振，才是内容创作的终极壁垒。

6.3.3　高效转化：设计用户触达的完整链路

客户转化流程的设计，核心在于深度契合客户需求，构建一条逻辑严密且易于触达的递进路径。从初次品牌接触到最终消费决策，需确保客户在每个接触节点都能验证决策的正确性。基于我们在短视频平台运营、管理体系搭建及私域流量池构建领域的实战方法论，本节将系统阐述如何实现商业逻辑与用户场景的无缝衔接，打造自然流畅的消费体验闭环。

1. 触点布局

通过触点布局，在客户"刷手机"的工夫交朋友。现在很多人每天都会抱着手机刷短视频、看直播。我们的品牌不妨在这些平台"埋伏"，让客户一抬头就能看见你。

首先，短视频是重要的传播渠道。要创作出客户易于理解的实用段子。在初涉抖音平台运营期间，我观察到消费者对商业推广内容存在显著偏好差异：相较于形式化的广告呈现，受众更倾向于接受务实型产品解读。为此，我们尝试由合作的网红站长出镜拍摄生产场景实录，其中"2000 个定制塑料袋助力餐饮店提升品牌影响力"主题视频颇具代表性。

其次，直播运营也是重中之重。摒弃刻板形式，我们将直播间定位为"包材行业合作交流"式轻松互动场景。在内容架构层面，我们始终坚持规避专业术语的冗余堆砌，着重于创业实践的经验萃取与路径解析。

针对直播中观众咨询的小批量定制订单加急及延误处理问题，我们迅速组织跨部门协作，现场连线生产负责人解答。车间主任直播承诺："工厂实行全天候生产，急件订单严格执行 72 小时交付标准，若遇延误将启动应急预案专车直送。"

最后，是公私域联动。为客户提供一个"加微信"的充分理由。公域流量平台（如抖音、快手）具有类似户外广告牌的传播属性，能够实现品牌信息的广泛触达；而私域流量池（如微信、社群）则类似于私人会客厅，为深度客户沟通创造专属场域。我们的运营人员在短视频内容中设置"免费获取《餐饮包装设计手册》"的精准引流话术，当用户私信发送"定制"关键词后，系统将自动推送《餐饮包装设计手册》。该指南系统梳理了行业常见误区与实践经验，包含大量经过验证的解决方案。在线下展会场景，我们通过"扫码添加即赠定制样品"的获客策略，例如，提供高端包装袋实物体验，使客户获得直观的产品感知，这种可触达的交互方式能有效建立信任基础。

2. 信任培育

信任的核心目标是让客户从"观望"变成"交心"。因此，信任，绝非空谈所能建立，而是依靠实实在在的行动累积而成。

首先，私域社群。没完没了地发广告只会招人烦，企业应该多当"顾问"。我要求团队对私域客户进行精准分层，锚定小商家、连锁品牌、创业站长三大核心群体。针对街角夫妻经营的冒菜小店，我们确定了 2000 个起订的轻量化解决方案，当定制包装袋烙上专属 IP 形象后，其外卖单量实现了 20% 的环比增长；为连锁品牌 CEO

特制工厂实地探访视频，在 15000 平方米无尘车间里，每个环节设置三道质检关卡；给站长群体打造的短视频爆款脚本库中，大旺兄弟从货车司机到月入 3 万元的转型之路这类案例配有分镜拆解与剪辑节奏模板。

其次，直播答疑。把"难题"变成"信任突破口"。客户在采购决策阶段往往存在质量疑虑及售后保障担忧。我们采取透明化市场策略予以化解：在网红站长直播环节中，现场解剖产品样本，通过材料阻燃测试验证食品级环保材质特性；策略性展示客户订单合同增强信任背书；系统性披露成本构成并阐明定价逻辑："基于自有工厂产能优势，执行 2000 个起订标准可有效消除中间商溢价，实现利润空间让渡"。针对客户提出的"AI 设计应用是否仍停留在概念阶段"的质疑，立即启动技术验证程序——设计团队现场实时展示 AI 辅助设计流程，自创意构思至完整设计三套包装方案，全程耗时不足 10 分钟。

最后，人设内容。晒真实经历，比摆拍更打动人。我在短视频平台上讲过"凌晨 3 点在工厂盯生产"的事情，也讲过"做麦片厂亏得血本无归，半夜在公园坐着掉眼泪"的教训，甚至晒过当年当保安时的工作服。有个客户后来跟我说："看你从保安一步一步走到现在，觉得你这人能干，跟着你干，放心。"

3. 促成转化

说实话，我们所有的付出最终都是想要让客户觉得"现在下单最划算"。转化机制不以刺激非理性消费为导向，其核心在于通过精细化价值评估体系构建客户决策支撑框架。

现在各平台都管得很严，一句话说错，可能引发封号风险，直播时效权益管理尤为重要。最好建立理性营销范式，规避非理性营销话术。我们在运营规范要求中规定网红站长在直播推介时，严格禁用"最终三单""年度底价"等刺激性促销表述，代之以结构化价值评估模型：明确标注"当日签约可减免 2000 元设计服务费"的显性收益，同步公示"原材料采购价格将于次月执行 10% 调涨"的行业基准数据。

永远记住："帮客户解决问题"是好的转化。

商业的本质不是流量争夺，而是价值交换。真正的高效转化，是让客户在每个接触点都能感受到：这家公司懂我、帮我、靠谱。以下是三个核心认知的升级思考。

（1）触点要精准卡位，而非盲目追热点。

客户在哪，我们就该去哪讲他们关心的事。比如餐饮行业决策者高频刷短视频，我们就针对性输出低成本品牌视觉升级方案，如何用 2000 个塑料袋帮助夫妻店提升品牌价值，这种接地气的内容建立连接。而便利店经营者常逛行业展会，我们就在展位现场演示"即时定制"流程——曾经有位蛋糕店老板摸了摸我们的定制包装袋，当场说"就冲这手感，合作试试"。这种场景化触达的本质，是把品牌变成客户日常决策的隐形顾问。

（2）信任要具有细的颗粒度，而非空谈专业。

客户不会因为一句"我们很专业"就买单，但会因为"每个餐盒都过金属检测仪""急单延误就自驾送货"这些具体行动而放下戒备。信任的核心是风险对冲。我们通过流程透明化（公开成本结构）、能力可视化（直播 AI 设计过程）、责任具象化（合同条款展示），将客户决策风险降到最低。当客户在合作中感受到的麻烦越少，信任也就越加深。

（3）转化要算长期账，而非追求短期成交。

真正的转化不是一次性交易，而是帮客户实现持续增长。比如我们帮中小商户用定制包装提升复购率，陪站长从新手做到月入 3 万元，这些案例比任何广告都是有说服力。当你开始用长期主义看待转化，就会发现：最好的商业，是让客户离不开你，而不是说服他选择你。

6.3.4　协同作战：构建多层次 IP 运营体系

在 IP 运营的实战中，我逐渐摸索出一套战略定方向、分层抓落地、协同强赋能的方法。这套方法的核心，是让总部 IP、区域 IP、技术 IP 像一支训练有素的军队，既有统一的作战纲领，又能在不同战场灵活出击，最终形成合力。

1. 战略统筹

总部 IP 是定海神针，锚定品牌灵魂。总部 IP 的首要任务，是给整个品牌体系画蓝图。就像海尔把总部 IP 定位为全球美好生活解决方案的领航者，旗下卡萨帝主打高端家电，统帅瞄准年轻家庭，虽然面向不同客群，但所有子品牌都在传递"用科技提升生活品质"的核心价值。这种顶层设计的关键，是回答以下两个问题。

（1）我们是谁？不是简单说我们做什么，而是介绍我们为客户解决了什么终极问题。比如小米总部 IP 早期定位：让每个人享受科技的乐趣，后来升级为科技普惠，生态链企业不管做手机、家电还是智能穿戴，都在践行这个理念。

（2）我们去哪？总部 IP 要明确长期愿景，为区域和技术 IP 指明方向。我曾接触过一家连锁餐饮企业，总部 IP 定位于家乡味道的传承者，各地分店的区域 IP 就围绕"本地化食材＋传统工艺"展开，有的深挖当地非遗美食，有的还原老作坊制作场景，看似方向不同，却都在强化地道的品牌认知。

总部 IP 的另一个重要作用，是建立品牌资产库。比如统一设计规范、核心价值观话术、品牌故事素材包，确保每个层级的 IP 输出都形散神不散。就像华为终端 IP 强调"奋斗者精神"，无论是手机发布会还是线下门店活动，都会围绕突破技术壁垒、解决用户痛点展开，让消费者一想到华为，就联想到可靠的科技伙伴。

2. 分层执行

区域 IP 要接地气，技术 IP 需钻专业。

区域 IP：把品牌共性翻译成本地语言。区域市场就像不同的战场，需要入乡随俗。海尔在南方市场发现，消费者更关注家电的节能和空间利用，于是推出小户型定制方案，在直播间演示如何用嵌入式冰箱节省厨房空间；在北方冬季漫长的地区，则主打智能供暖家电，结合当地供暖政策做营销。这种差异化的本质，是把总部的品牌理念，转化为本地客户能感知的具体价值。

我认识的一位区域经销商，负责某卫浴品牌的县级市场。他没有照搬总部的高端广告，而是拍了条"农村自建房如何选卫浴的视频"，讲解防漏水设计对土墙的重要性、水压不足时如何选择花洒，结果在当地播放量超百万，订单量激增。因此，区域 IP 的关键，是找到总部战略与本地痛点的结合点——不是简单复制，而是"翻译＋创新"。

技术 IP：把技术语言转化为价值语言。技术 IP 容易陷入"自嗨"，堆砌专业术语，但客户更关心"这能给我带来什么好处"。国内有一家知名的企业在这方面做得很巧妙：当研发出新型降噪芯片时，企业不是只讲参数，而是拍了条"地铁通勤如何安静办公"的短片，展示降噪耳机如何屏蔽噪音，让用户专注工作。

在实战中，技术 IP 还需要"露脸"建立专业形象。比如我们的厂长，经常拆解"食品包装如何防潮防虫"，展示不同材质的对比实验，甚至公开工厂的质检流程。技术 IP 的核心，是通过"专业内容 + 场景化表达"，让客户相信：这家公司在这个领域真的很专业。

3. 协同赋能

让 IP 之间打配合，实现 1+1>2。真正的 IP 运营不是各自为战，而是像一支足球队一样配合：总部 IP 是"教练组"定战术，区域 IP 是"前锋"攻市场，技术 IP 是"后卫"保品质，生态链 IP 是"替补队员"补空位。

首先，资源共享。让好内容、好经验流动起来。小米生态链企业之间的技术共享就像组队升级：做智能插座的企业研发出远程控制技术，共享给做智能灯的团队，双方都能快速推出新品；某茶饮品牌的区域门店发现"方言版广告"在当地反响好，总部整理成模板，供其他方言区门店参考，节省了重复试错的成本。我们公司内部也有"IP 经验库"，比如站长鱼哥在抖音用客户验货模板爆火后，这套栏板迅速共享给全国站长，很多人用它拿到了新订单。

其次，能力互补。让每个 IP 都成为长板。记得有次和某连锁品牌交流，他们的总部 IP 擅长品牌造势，区域 IP 擅长本地化活动，技术 IP 擅长产品研发，三者结合简直无往不利：总部策划"国潮包装设计大赛"吸引流量，区域门店同步举办"本地文化主题展"引流到店，技术团队快速将获奖设计转化为限量版产品。这种协同，让品牌既有高度，又有温度，还有落地速度。

最后，风险共担。让协同不仅是分享好处，更是共渡难关。2024年我们有一位区域站长遇到平台算法调整，流量暴跌，总部IP立即调配其他地区的爆款素材供其参考，技术团队帮忙优化视频标签，其他区域的站长也在直播间为他站台引流。这种"一方有难，八方支援"的协同，不仅解决了短期问题，更让整个IP体系的凝聚力更强。就像海尔在某个地区遇到负面舆情时，其他区域的IP会通过分享品牌故事、用户好评等内容，共同维护品牌声誉。

6.4 风险防范：创始人IP运营的常见误区

6.4.1 流量陷阱：避免盲目追求数据的倾向

在IP运营过程中，若一味追求流量数据，可能会导致决策层偏离核心目标，忽视了商业的本质。根据注意力经济理论，流量的价值在于其转化率与商业变现能力，而非单纯的数量规模。

例如，某些网红创始人通过低俗内容获取大量流量，但由于粉丝群体与目标客户不匹配，商业转化率极低。企业应设立"决策层级渗透率"和"用户长期价值（LTV）贡献"等关键指标，以科学评估IP运营的实际成效。以得到App为例，其创始人罗振宇的IP内容聚焦知识付费领域，尽管粉丝数量不及娱乐类网红，但得到App凭借高用户付费率和显著的LTV贡献，在行业内处于领先水平，实现了高质量的商业变现。

6.4.2 人设矛盾：保持 IP 形象的一致性

创始人 IP 的形象塑造须与企业实际交付能力形成动态适配，防止专家形象与组织执行效能的割裂风险。建议构建 IP 承诺与交付能力的匹配度评估机制，通过数字化仪表盘实现实时动态监测，确保 IP 传播内容与企业经营基本面持续校准。

以雷军 IP 建设为例，其技术型企业家形象历经了三个商业周期验证始终稳固。自小米手机时代深度参与技术研发，持续在自媒体平台输出产品技术解析，至小米汽车战略实施阶段，始终践行"产品主义技术派"的 IP 定位。在小米 SU7 车型遭遇高速碰撞起火致乘员伤亡的重大舆情事件中，雷军采取危机应对策略：第一时间通过官方渠道致歉并承诺不会逃避相关责任，48 小时内组建专项工作组进行事故调查，72 小时发布阶段性调查报告，后续持续披露技术改进方案。这种危机响应机制与其长期塑造的"可靠技术官"IP 形象形成知行合一的示范效应，最终通过系统性信息披露与改进承诺，实现 IP 信用资产增值而非折损。

在包材定制垂直领域，我们"包材大王梁涛"IP 的打造也是严格遵循定位聚焦原则。通过建立"三不三专"运营准则（不涉足非相关领域、不参与短期套利项目、不发表非专业观点；专注工艺研发、专精客户服务、专研行业趋势），将 IP 形象深度锚定在包材定制技术领域。这种垂直深耕策略成功构建"涛哥 - 包材定制"的双向认知锚定，形成个人 IP 与产业定位的共生关系，为企业建立技术壁垒与客户信任双重护城河。

6.4.3 知识瓶颈：构建可持续的 IP 认知迭代体系

在运营 IP 这件事上，难免会碰上各种意想不到的问题，就像划船逆着水流，不使劲往前就会被冲回去。最要命的问题，其实是我们输出的知识和自己学到的新知识跟不上节奏，也就是"知识库存不足了"。

记得两年前，我刚开始做 IP 创业，那时候干劲十足，到处向人学习取经。好多前辈跟我说"只要肯下功夫，肯定能成功"，我就给自己定了个目标：每天至少发 3 条干货内容。刚开始还挺顺利，我就像个不知疲倦的小马达，不停地分享自己了解的东西。可慢慢地，我发现不对劲了：越努力更新内容，心里越慌，感觉自己像个空水壶，拼命往外倒水，却没水往里灌。

后来我才发现，这种"知识透支"的情况，在 IP 创业圈特别常见。一旦我们输出内容的速度比学习新知识还快，IP 的吸引力肯定越来越差。我参加过一个行业峰会，有个做教育 IP 的企业家分享"每天写 10 篇爆款文章的秘诀"，当时感觉这个人特别厉害。可过了半年再看他账号，评论区全是吐槽，都说内容越来越没营养了。这件事给所有创始人 IP 提了个醒：想留住粉丝，内容质量比数量重要得多。

2022 年，有段时间我们团队就像工厂流水线工人，每天按部就班制作内容，但粉丝就是不涨。记得有个下雨天，我一个人在办公室看数据，听着窗外哗哗的雨声，心里特别无助，一直在想：到底该怎么解决知识不足的问题呢？

后来我们想了个办法，做了一个"知识管理系统"，就是要让知识能循环起来，有进有出。我们专门设了"学习日"，这一天所有人都放下手机，认真研究行业报告，分析市场变化。每个月还会举办"创新研讨会"，请行业专家来分享经验，大家一起头脑风暴。

为了学到更多知识，我们不仅订阅专业杂志，还在工厂车间设了"灵感收集点"。一线工人遇到的问题、想到的好点子，都能变成我们的知识储备。有了这些素材，我们还成立了"方法提炼小组"，把零散的经验变成能用的方法。比如将"降低包装成本"这个难题，拆分成"选材料的三个关键点""工艺匹配的四种情况"，这样大家遇到类似问题，马上就能找到解决办法。

实践后发现，整理知识的过程特别重要。我们还搭建了内部学习平台，鼓励大家把整理好的知识分享出来，互相学习，让这些知识发挥更大作用，包括我们的网红站长也一起参与内容建设、共享。

在发布内容的时候，我们会根据不同平台和用户，用不同的方式分享知识。短视频就挑选大家最关心的问题，用简单直白的方式讲；直播的时候，通过具体案例详细分析，和观众互动；写行业报告，就深入分析行业发展趋势。用这些办法，让知识找到最合适的传播方式。

在 IP 行业竞争中，能不能持续地学习新知识，已经成为是否成功的关键。作为团队负责人，要沉得住气并积累知识，用系统思维整合资源，把知识变成实实在在的收益。只有让我们的 IP 知识体系促使自己"升级"，才能在激烈的市场竞争中站稳脚跟，从一时的网红变成行业里真正的专家。

6.4.4　团队原因：推动个人与团队的协同进步

1. 创始人 IP 的双重效应分析

在数字经济时代，企业品牌建设呈现出显著的人格化特征，越来越多传统企业开始将创始人 IP 塑造作为战略级营销举措。从雷军在产品发布会上的技术解读，到董明珠在行业论坛中的创新分享，这些实践案例充分验证了创始人 IP 在提升企业品牌认知度、增强市场影响力方面的积极作用。

然而，这种发展模式也存在潜在风险。以某共享出行领域头部企业为例，创始人通过高频次媒体曝光与行业演讲迅速提升企业估值，但在组织管理层面，形成了高度集中化的决策机制。这种模式导致团队成员创新积极性受挫，专业意见难以得到有效反馈，最终造成核心人才流失，企业发展陷入瓶颈。此类现象在传统企业中具有一定普遍性，往往表现为创始人能力与团队创造力之间的失衡，形成"能人依赖"型组织生态。

2. 协同发展的实践范式与经验启示

新东方教育集团在创始人俞敏洪奠定品牌基础后，通过构建"核心 IP + 专业 IP 矩阵"的发展模式，充分发挥王强、徐小平在英语教学、留学咨询等细分领域的专业优势，形成立体化的品牌传播体系，实现教育服务价值的最大化。

建立科学的协同机制是实现创始人 IP 与团队能力共同发展的关键所在。

3. 五层协同管理体系的构建与应用

在包材定制行业，我们构建的五层协同管理体系，可以为传统企业提供可复制的实践方案。

（1）透明化利益分配机制。

建立基于价值创造的分配体系，将创始人 IP 转化的业务收益的一部分作为团队激励基金。以杭州某食品企业订单为例，项目团队可获得一定的专项奖励。公司会对完成 IP 传播任务（如优质内容创作、客户拓展等）的员工给予奖励。

这种透明化利益分配机制不仅有效激发了团队成员的积极性，更在企业内部形成了良性竞争氛围。员工们为获取更多收益，主动探索 IP 传播新途径，自发形成跨部门协作小组，共同策划营销方案，进一步强化了创始人 IP 与团队之间的协同效应。

（2）分层级建立能力培养体系。

实施差异化人才培养策略：基层员工参与"工艺实训营"夯实专业基础；中层管理者通过"客户价值工作坊"深化 IP 价值转化能力；潜力员工进入"网红站长计划"进行新媒体运营专项培养。通过这种分层级培养，员工不仅能在自身岗位上精进技能，还能向多元化方向发展，许多基层员工通过工艺实训营脱颖而出，晋升为技术骨干；中层管理者借助客户价值工作坊，更精准地把握客户需求，有效提升 IP 价值转化效率；参与"网红站长计划"的潜力员工，在新媒体运营领域崭露头角，为企业 IP 传播注入新活力。

（3）三维度量化考核指标。

构建以结果为导向的考核体系，重点关注以下几点。

第一，内容产出。建立阶梯式内容质量评估模型，设定月度高质量内容创作标准。将内容分为基础科普、深度解析、热点追踪三类，要求每月产出规划好的基础内容。同时引入第三方平台的原创度检测工具，确保内容原创率不低于 95%，并通过内部评审小组对内容的专业度、可读性进行双维度打分。

第二，传播效能。构建动态化的传播效果监测矩阵，除了监测新媒体账号粉丝增长、内容传播数据外，还需分析用户互动行为。重点关注完播率、评论区互动率、转发裂变系数等核心指标，对内容的传播价值进行量化评估。同时建立竞品传播数据对标机制，定期输出传播效能分析报告，为内容策略调整提供依据。

第三，商业转化。搭建全链路的商业转化追踪系统，统计 IP 运营带来的实际订单量、客户复购率、客单价提升幅度等关键数据。

以团队创作的"包材定制赋能品牌溢价"为例，该内容通过在视频号、抖音等多平台分发，成功吸引了 5 家新客户。基于该案例的成功经验，我们将内容营销与客户转化的 SOP 流程进行拆解，从选题策划、内容制作、渠道投放、客户跟进等环节制定标准化操作手册，并将其纳入企业标准化服务案例库，作为后续内容运营的参考模板。同时，定期组织跨部门复盘会议，对高转化案例进行深度剖析，提炼可复用的方法论。

（4）内部 IP 孵化机制。

搭建"网红站长平台"，鼓励员工打造专业 IP。例如，我们的赵厂长聚焦生产技术展示，形成与创始人 IP 的互补效应。创始人 IP 负责行业话语权构建，员工 IP 深耕细分领域服务。

（5）权责明晰的治理架构。

创始人聚焦战略管理、内容把控和危机处理三大核心职能，如确立"高端定制化包材"品牌定位、把控品牌传播调性等。具体运营事务由专业团队负责：设计部建立客户案例数据库，生产部优化工艺标准，客服团队运营新媒体矩阵，网红站长服务小组负责协同资源。

6.4.5　策略偏差：适配商业决策的内容逻辑

1. To B 与 To C 的决策逻辑有差异

商场如战场，To B 和 To C 的客户就像两种不同的敌人——前者需要摆开阵势打"阵地战"，后者则要抓住机会打"闪电战"。很多老板不明白：为什么同样的营销手段，卖给企业客户时处处碰壁，卖给普通消费者却效果不错？关键就在于没弄清楚两者的决策逻辑差异，而 IP，就是帮你在不同战场上精准打击的"定制化武器"。

（1）To B 客户：像选择结婚对象，要层层考察。

企业购买东西，尤其是大宗采购，不是老板一个人说了算，背后有采购、技术、财务等多个部门把关。比如工厂的买一台机器人，技术部要查参数、财务部要算成本、管理层要考虑投资回报，最后还要写可行性报告。这时候他们需要的是"靠谱的合作伙伴"，你的 IP 得让他们觉得"这公司懂行，合作起来没风险"。

（2）To C 客户：像选择恋爱对象，凭感觉下单。

普通消费者买东西没那么多弯弯绕绕，可能刷到一条短视频、看到朋友圈有人晒单，觉得"这东西适合我"就下单了。比如瑞幸的生椰拿铁，靠"颜值高、拍照好看、首单便宜"三个点，使抓住了年轻人的社交需求，大家买它不光为了喝，还为了发朋友圈"晒生活"。以蜜雪冰城的情感营销为例，蜜雪冰城通过"情侣证"和"盲盒戒指"活动，契合年轻人追求仪式感的心理。消费满 12 元就能获得情侣证和戒指盲盒，单条视频点赞数突破 10 万，活动期间门店订单量同比增长 87%。这种情感共鸣让消费者自发传播，形成强大的社交效应。

2. To B 老板必学：用"专业牌"打通决策链

企业客户的决策就像闯关游戏，你得在每个关卡都拿出"通关道具"。

（1）技术关：让他们觉得"你最懂行"。

华为卖 5G 设备时，任正非接受采访总提"我们投了多少钱研发，有多少专利"，这些数据就像"技术身份证"，让客户知道"这家公司技术过硬"。中小企业怎么做？比如你是做餐饮设备的，拍条视频展示你的设备在极端环境下的测试过程，比说"质量好"管用 100 倍。

（2）案例关：让他们看到"成功模板"。

企业客户最爱问："有没有同行用过？效果怎么样？"这时候你得拿出"实景案例"。我见过一家做电商代运营的公司，给客户展示时，不光给数据报表，还拍了一段客户仓库打包的视频，并旁白："帮这家店优化物流后，发货速度提升 50%，退换货率降了 20%。"客户一看："哦，原来这么干有用！"

（3）财务关：让他们算清"经济账"。

拍板的老板最关心："花这笔钱能赚多少？"这时，你就需要用财务数据说话。比如卖管理软件的，别讲"功能多强大"，而是算笔账："用我们的系统，每个月能节省 10 个人工成本，一年就能省 50 万元，投入 3 个月就能回本。"老板一听，马上算过来账："这钱该花！"

3. To C 老板必学：用"情感牌"快速破冰

消费者决策靠"瞬间心动"，你需要在 3 秒内抓住他们的注意力。

（1）贴标签：让他们觉得"这就是我"。

完美日记品牌拍短剧，把口红和"独立女性"绑定，剧中女主角涂着他们的口红在职场打拼，很多白领看了就觉得："这说的不就是我吗？"中小企业怎么学？比如你卖童装，拍妈妈给孩子挑选衣服的场景，突出"舒适又好看，妈妈放心"，让宝妈们觉得"这衣服是为我家孩子准备的"。雕牌的 IP 转型值得借鉴。雕牌将品牌形象拟人化，推出"雕兄" IP，生成大量表情包和搞笑内容。通过"雕兄大电影"和微博互动，拉近与消费者的距离，成功转型为年轻消费者喜爱的品牌。

（2）绑场景：让他们想到"什么时候用"。

樊登读书的视频常说："每天通勤 30 分钟，听本书就能学管理"，把学习和"通勤"场景绑定，用户一上车就想起"该听樊登了"。如果你是做小家电的，就拍"上班族下班回家，用迷你烤箱烤蛋糕"的视频，让他们觉得"这东西正好适合我的小日子"。

（3）给"甜头"：让他们愿意"分享出去"。

瑞幸的"生椰拿铁打卡领券"，其实是给用户"社交货币"——既晒单能省钱，还能显得自己"懂生活"。中小企业不妨推出"老带新优惠"，比如"推荐朋友下单，你俩都减 10 元"，利用朋友圈的熟人信任带动，比花钱打广告更划算。

本章小结

本章围绕创始人 IP 打造，揭示其作为企业信任资产的核心价值：To B 靠专业度构建信任链，To C 靠情感共鸣抢占消费者心智，本质上是成为客户的"唯一选择"。通过精准定位、分层内容策略和风险规避，企业能突破流量陷阱，实现 IP 与团队的协同发展。核心要诀在于：To B 讲透技术与案例，To C 抓准场景与情绪，同时警惕人设与能力断层，让 IP 成为连接客户与团队的信任桥梁。

章末思考

作为老板，你是否总觉得 IP 打造是自己一个人的战斗？当你在镜头前分享创业故事时，团队成员是旁观者还是参与者？ To B 客户找你合作，是因为认可你个人，还是看到了团队的专业实力？ To C 用户下单，是被你的情怀所打动，还是真的解决了他们的痛点？

不妨问问自己：你的 IP 内容有没有真正穿透客户的决策链？To B 客户需要的技术细节和成功案例，是否足够具体可信？To C 用户需要的场景共鸣和社交货币，是否精准击中客户需求？更重要的是，团队有没有在 IP 建设中找到自身定位——他们是 IP 的执行者，还是能成长为独当一面的小 IP？

第7章
长期主义：穿越行业周期并实现新增长

7.1 使命驱动：竞争变局中的生存根基

7.1.1 守正出奇：抵御短期诱惑的价值锚点

在商业竞争的浪潮中，企业若想稳健前行，必须坚守价值锚点。当年苹果公司自乔布斯回归后，始终恪守"以用户体验为核心"的初心，即便在智能手机市场份额不足时，也未盲目追求低价策略，而是持续投入研发，打磨 iPhone 的软硬件生态，最终在全球智能手机行业利润率长期占据首位，印证了"守正出奇"中"守正"的重要性。

从经济学视角看，这背后是企业的沉没成本与机会成本博弈。苹果公司若放弃高端路线转向低价竞争，虽然可能短期内获得更多市场份额，但是其将牺牲品牌溢价与用户忠诚度，前期在研发、设计上的大量投入也将无法实现价值最大化。

回顾我的创业历程，2006 年我在小仓库里带着二十几个缝纫女工做环保袋加工，赚到第一桶金后，却因盲目跟风土建工程，一下子欠下了 13 万元外债。那段时间，我每天坐着公交车满北京城跑业务，两部手机轮流扮演老板和业务员，靠"唱双簧"拉订单。这段经历让我深刻体会到，创业就像在迷雾中航行，必须坚守初心，否则很容易被短期利益诱惑，偏离航向。

7.1.2　正道致远：困境中的战略定力

面对行业困境，战略定力是企业破局的关键。2022 年全球芯片短缺，汽车行业遭受重创，比亚迪却凭借战略定力实现逆袭。早在 2008 年，比亚迪就前瞻性布局新能源汽车领域，即便在传统燃油车市场利润丰厚时，也未曾动摇对新能源汽车的投入。芯片危机来临时，比亚迪自研的 IGBT 芯片不仅保障了自身生产，还对外销售，实现了业务增长。这一案例体现了规模经济与范围经济的商业原理，比亚迪通过长期研发投入，在新能源汽车领域形成规模效应，降低了生产成本；同时，将芯片技术拓展至其他业务，实现范围经济。

2017 年，我决定将工作重心放在包材电商上，放弃了其他盈利不佳的投资。当时传统包材行业面临着产能过剩、价格战激烈的困境，很多同行选择缩减成本、降低质量来维持利润，但我知道，这样的做法无异于饮鸩止渴。我选择投入资金建设自己的生产线，引进先进的设备，提升定制化服务的质量和效率。

战略定力往往来源于对行业规律的把握。包材行业看似简单，实则需要对客户需求的精准理解。小商家需要小批量定制，而传统工厂往往起订量高、周期长，我抓住这个痛点，推出"2000 个起订""72 小时交货"的服务，满足了小商家的需求。这就像当年的京东，在电商竞争激烈时，坚持自建物流体系，虽然前期投入巨大，但最终形成了核心竞争力。困境中的坚守，不是盲目坚持，而是基于对客户需求和行业趋势的判断，找到正确的方向并坚定前行。

7.1.3　趋势洞察：变局中的机遇捕捉

敏锐捕捉趋势是企业实现增长的核心能力。抖音电商的崛起堪称经典，其精准把握消费市场"兴趣驱动"的趋势，通过短视频内容激发用户潜在需求，打造"兴趣电商"模式，2023年抖音电商GMV突破2.3万亿元，远超传统电商平台同期增速。这背后是对消费者行为模式变化的深刻理解，以及对数字技术应用的创新。从商业底层逻辑看，抖音电商利用了边际效用递增原理，随着用户在平台上获取的个性化推荐内容增多，购物体验不断优化，用户对平台的依赖和消费意愿持续增强。

2013年，我敏锐地察觉到电商的兴起会带动包装需求的爆发，果断将业务从线下转向线上，成为淘宝上首批卖无纺布袋的店铺。当时很多传统包材厂家还在依赖线下渠道，对电商不屑一顾，但我看到了线上流量的巨大潜力。第一笔大单子来自金士顿U盘，他们的Logo设计复杂，传统工厂不愿接单，我抓住机会，凭借线上沟通和快速响应，成功拿下2万件单，赚到了电商路上的第一桶金。

这让我想起拼多多的崛起，当淘宝、京东主导电商市场时，拼多多洞察到下沉市场和社交电商的趋势，通过"社交＋团购"的模式，以低价策略吸引了大量三四线城市和农村用户，开辟了新的市场空间。趋势洞察需要跳出传统思维，看到别人看不到的机会，不仅要关注宏观政策、技术变革，更要深入研究消费者行为变化，才能及时发现市场空白，抢占先机。

7.1.4　变中求定：把握属于你的新势力

在快速变化的市场中，企业需在动态调整中保持核心竞争力。宁德时代从传统电池业务切入新能源汽车电池领域后，面对行业技术迭代快、竞争激烈的挑战，一方面加大研发投入，保持技术领先；另一方面与车企深度合作，定制化开发电池产品。这种策略使其在全球动力电池市场份额连续多年位居第一，体现了企业核心能力的动态更新原理。

2021年疫情期间，很多传统包材企业陷入困境，而我们却实现了逆势增长，得益于我们提前布局的线上渠道。疫情期间，线下门店受限，线上电商和外卖行业爆发，我们的订单量不降反增，为此，我们迅速调整生产计划，加大对外卖包装的研发和生产，以满足市场需求。

变中求定，不是被动适应变化，而是主动拥抱变化，在变化中找到新的增长点。耐克从运动鞋制造商转型为运动文化引领者，通过签约明星、打造品牌社区等方式，始终把握运动消费新势力。企业的核心竞争力是在变化中保持不变的初心和不断进化的能力，只有在变化中坚守核心价值，不断创新突破，才能在行业变革中占据主动。

7.2　精准定位：塑造客户首选优势

在竞争白热化的市场里，企业想成为客户的首选，关键在于学会重新看自己、看行业、看客户、看团队。这不是简单换个口号，而是从里到外的定位革新，就像给企业做一次战略体检，找到真正的差异化优势。

7.2.1　自我革新：找到企业的"不可替代性"

企业最难的不是在困境中转型，而是在顺境中主动求变。当年微软靠 Windows 雄霸天下，萨提亚·纳德拉却盯着云计算的苗头，把重心从卖软件转向做企业数字化助手。现在看这步棋太关键了——当传统软件市场增长放缓时，微软靠 Azure 云计算打开新空间，这其实是想明白了一个道理：客户需要的不是产品，而是解决问题的能力。

传统制造业更需要有这种警觉。几年前，包材行业的价格战打得火热，大家都在拼谁的通用塑料袋更便宜。但我发现，电商客户的痛点是担心设计贵、起订量高，小商家想印自己的 Logo 却找不到合适的厂家。于是我们做了两件事：一是拉着设计师一起在电商园区调研，开发出快速设计套餐，让客户花小钱就能有专属包装；二是调整生产线研究小批量定制。这一转身，看似放弃了大订单，却抓住了中小客户的痛点，客单价反而涨了 30%——有时候减法比加法更难，但能让你和别人不一样。

就像如家当年不跟星级酒店竞争，而是盯着出差的普通人群：他们要干净、便宜、方便，那就把房间缩小、去掉冗余服务，专注

"商旅人的温馨驿站"。我们后来定位"中小商家品牌助跑专家"，也是这个逻辑：成立专门的服务团队，从设计到生产全流程陪着客户打磨，甚至帮他们计算包装怎么提升复购率。客户会觉得：这家公司懂我的生意，不只是卖包装的。

7.2.2 重新定位行业：在红海里找"小蓝海"

蜜雪冰城能在众多奶茶品牌中闯出一片天地出来，靠的是向下扎根——当大家盯着一线城市的网红店时，它把店铺开到县城，用"平价好喝"的定位打动学生和上班族，这就是找准了细分赛道的力量。行业再红，总有没被满足的角落，关键是把显微镜对准客户的"麻烦事"。

2018 年我们转型做定制化包装时，同行都觉得小订单麻烦不赚钱。但我们算过账：餐饮老板想让外卖包装变成"移动广告牌"，电商卖家需要包装既能保护商品还能引流，这些需求市场上尚未得到满足。于是我们按行业细分场景：给奶茶店做带杯套的包装，印上品牌故事和二维码；给零食商家设计防震又好看的礼盒，方便用户拍照分享。看似把市场切小了，实则打开了新空间——每个行业的小痛点，都是差异化的大机会。

这不禁让我想起小罐茶的做法：在茶叶市场中，它就聚焦"高端礼品茶"，统一规格、统一品质，解决了消费者"送礼不知道怎么选"的难题。我们后来在电商包装里加入"品牌传播设计"，帮助客户把包装变成流量入口，也是同样的思路：与其说卖产品，不如说卖解决方案，让客户觉得，这事只有你能帮我解决。

7.2.3 重新定位客户：从卖产品到懂客户

星巴克卖的不只是咖啡，更是"第三空间"——上班族需要开会、年轻人需要拍照打卡，甚至有人把星巴克当成"办公室之外的第二个家"。这说明客户的深层需求，往往藏在表面需求背后。就像马斯洛需求层次理论说的，解决了生存问题，就会追求情感和社交满足。

2020年，有个面包店老板找到我们，说想要设计好看的包装。聊下来发现，他真正愁的是新店没人知道，包装只是载体，核心是想通过包装让顾客记住他的品牌。于是我们不仅设计了带店铺IP形象的包装，还建议他印上"扫码领优惠券"的二维码，并策划晒包装送面包的活动，帮助他把包装变成了店里的"无声推销员"，复购率涨了25%。

其实，你帮客户解决的不只是产品问题，而是生意问题，客户自然也就离不开你了。

7.2.4 重新定位团队：让组织跟上战略的脚步

字节跳动能快速做出抖音、TikTok，靠的是"大中台小前台"架构：中台把技术、数据这些通用能力整合好，前台团队像特种兵一样灵活作战。这给我们一个启示：战略变了，组织架构就得跟着变，不然再好的想法也无法落地。

我们团队刚开始只有几十人，扁平化管理效率高，大家有什么问题直接喊一嗓子。但业务复杂后，有人管设计、有人管生产、有人管客服，职责不清导致内耗。后来我们引进华为的"铁三角"模式，把团队分成"产品研发、客户服务、生产交付"三个核心板块，每个板块设专门的负责人，同时建立跨部门协作机制。比如接一个电商客户订单，客服先搞清楚需求，研发团队带着设计方案对接，生产这边同步排期，有问题随时拉群沟通，结果效率提升了一倍。组织架构不是分部门，而是让听得见炮火的人能得到资源。

就像当年阿里巴巴采用中台战略，也是因为业务扩张后需要统一支持。我们后来又加入了客户成功团队，专门跟进客户使用情况，收集反馈并优化服务。

聊到这里，你会发现所有定位革新都围绕一个核心：你能为谁创造什么独特价值，并且让这种价值被看见、被记住。不是要做到大而全，而是要成为某个领域的无可替代。

传统企业老板不妨想一想：在客户眼里，你的企业是"差不多都行"，还是"这事就得找他"？当客户想到你所在的行业，第一个闪现出来的是不是你的品牌？定位不是喊口号，而是要全方位融入客户的生意里、生活里，找到那个非你不可的理由。

下次和客户聊天时，多听一听他们发牢骚、讲难处，或许就能找到属于你的首选优势——毕竟商业的本质，从来都是解决别人解决不了的问题。

当你真正把定位融入企业运营的每一个环节，从自我突破到团队重塑，从行业洞察到客户深耕，就会发现，精准定位带来的不仅是竞争优势，更是与客户建立深度信任的纽带。而这份信任，正是企业在竞争激烈的市场浪潮中屹立不倒的根基。

7.3　自我迭代：认知差突围的三种武器

7.3.1　现实洞察：打破认知盲区

大多数企业经营失败，不是因为对手太强，而是输在自己看不见的地方。当年诺基亚占据全球手机市场半壁江山，却被 iPhone 打得毫无还手之力。他们不是输在技术上，而是困在"手机就是打电话发短信"的旧认知里，连乔布斯在发布会上演示用手指滑动解锁，台下的工程师都觉得"这功能华而不实"。这种"锚定效应"，让曾经的商业巨头在趋势面前成了"睁眼瞎"。

想要打破认知盲区，就要建立"三双眼睛"：第一双看行业报告，找那些隐藏在数据里的趋势；第二双了解客户抱怨，从他们的抱怨中发现未被满足的需求；第三双研究跨界案例，比如从奶茶店的营销模式里，找到包材行业的灵感。就像富士胶片从胶片巨头转型为化妆品公司，靠的就是把胶片涂层技术，迁移到护肤品的纳米技术上。

7.3.2　知识赋能：将书读"活"的实战心法

我一直认为，商业书籍不是用来装饰老板办公室的饰品，而是企业的"战略军火库"。当年我们用迈克尔·波特的五力模型分析包材行业，发现最致命的威胁不是同行打价格战，而是可降解材料带来的替代品冲击。这直接推动我们从卖塑料袋转向提供"品牌包装解决方案"。

我读了迈克尔·波特的书后突发灵感，用五力模型找到了转型方向，于是，我们开始思考如何将更多商业理论转化为实际行动，让知识真正成为推动企业发展的动力。

但真正让知识产生爆发力的，是把理论运用在实战中。搭建"一箱办"平台时，我们把《精益创业》这本畅销书中的 MVP 理念，拆解成三个可落地的实操。

（1）小步快跑试错。选一个餐饮密集的街区试点，只开放基础餐盒采购功能，甚至故意保留"测试版"字样，就为了让客户大胆提意见。

（2）把用户当产品经理。每周和站长、商户开复盘会。有一次骑手抱怨分拣效率低，我们直接蹲在仓库里观察了 3 小时，最后设计出带颜色分区的货架。

（3）快速迭代进化。3 个月内迭代了 12 个版本，针对商户紧急补单需求，我们在配送站建立了常备库存；为解决站长获客难题，开发了自动生成海报的工具包。

这种"边打仗边升级装备"的模式，让我们避免了数百万元的无效投资。就像瑞幸用 MVP 验证单店模型后再扩张一样，我们也是通过小范围试错，才把"网红站长 + 本地化服务"模式运用到更多城市。商业书籍的真正价值，在于教会我们"用理论框架理解现实问题"。

7.3.3　圈层升级：聪明人带你少走弯路

雷军的小米生态链为什么能成功？本质上是搭建了一个"知识共享网络"。投资的上百家企业，不仅共享供应链，更在技术研发、市场策略上互相启发。这种圈层的价值，比单纯拉关系、谈合作要大得多。

在博商同学会的资源整合过程中，我们成功捕捉到极具价值的商业需求。一次行业交流活动中，从事电商业务的老板在席间分享经营痛点：由于产品迭代速度加快，其企业包装设计团队的产能已无法满足高频次的上新需求，设计周期滞后问题严重制约业务发展。

基于这一市场洞察，我们迅速组织专业团队开展研讨，结合 AI 技术发展趋势，针对性地开发解决方案。经过为期一个月的技术攻坚与多轮测试优化，最终推出了智能设计系统。该系统具备图像识别与创意生成能力，用户只需上传产品图片，即可快速获得三套专业级设计方案。

此功能上线后，不仅高效解决了合作企业的实际运营难题，更凭借技术优势在行业内形成示范效应。目前该服务已成为平台核心竞争力之一，持续为众多企业提供稳定且优质的设计支持。

我们的设计效率实现了革命性升级，从发现需求到开发智能设计系统，正是得益于博商同学会这个优质圈层提供的交流契机。这也让我明白，企业想要实现圈层升级，绝非简单的社交堆砌，而是需要系统性的策略和方法。

打造高价值圈层，需记住三个原则。

（1）价值对等。别只想着索取，先分享你的行业经验，比如包装成本优化方案，才能换来对方的技术资源。

（2）跨界碰撞。多参加不同行业的活动，我在医疗展上看到药企对包装密封性的高要求，回来就开发出食品级防漏包装。

（3）深度绑定。培养事业合伙人，手把手地教他们如何赢得客户青睐，他们在一线遇到的问题，反过来又推动我们优化服务。

真正的圈层升级，是建立一个"认知充电桩"——当你在战略上迷茫时，能从圈子里找到破局思路；当你有新想法时，有人帮助你验证可行性。商业从来不是一个人的战斗，你的圈层质量，决定了企业能走多远。

7.4　商战智慧：灵活制胜的实战策略

商业竞争的本质是一场围绕认知差异与资源整合的博弈。当传统企业还在依赖价格战和渠道扩张时，真正的赢家早已学会了运用战略思维解构竞争格局，在对手的铠甲缝隙中寻找破局点。相信下面的经典商战模式将会给你较大的启发，让你学会从构建护城河到精准打击对手软肋，为企业提供可落地的实战方法论。

7.4.1　经典商战模式解析

美国营销战略家特劳特先生在其著作《商战》中提出了四种战略，本质是基于企业市场地位的资源配置艺术。防御战需要领导者具备"自我颠覆"的勇气，进攻战要求挑战者找到"以弱胜强"的杠杆点，侧翼战考验创业者的市场洞察力，游击战则强调"小而美"的精准聚焦。

1. 防御战：在巅峰期埋下转型种子

市场领导者的最大危机，往往来自对现有优势的过度依赖。华为在 5G 技术领先时，已开始布局 6G 研发；比亚迪在新能源汽车市场高歌猛进时，推出刀片电池颠覆行业标准。这种"自我攻击"的智慧，在包材行业同样适用：当我们在传统塑料袋市场已经占据了一定份额时，主动研发可降解材料，将环保属性融入产品设计，既响应了国家政策趋势，又建立了技术壁垒。

2. 进攻战：用"单点爆破"撕开市场缺口

京东外卖挑战美团时，没有正面"攻击"其配送网络，而是抓住"品质外卖"的差异化定位，通过举报有奖活动快速扩充供应链，用"补贴茶饮订单"精准触达年轻用户。这种策略的底层逻辑，与当年百事可乐用"年轻一代的选择"冲击可口可乐如出一辙。在包材行业，我们针对头部企业标准化生产的痛点，推出"陪伴式交付"的定制服务，吸引了多家老牌企业客户，用效率优势打破行业常规。

3. 侧翼战：在巨头忽视的"边缘地带"崛起

三只松鼠避开传统商超，以"互联网坚果"模式切入市场；元气森林用"0糖0脂0卡"重新定义饮料品类。这些案例揭示：侧翼战的关键在于创造新赛道而非争夺旧市场。在宠物经济兴起时，某品牌迅速推出"宠物IP联名包装"，将功能性设计与情感价值结合，一年内拿下了20余家宠物品牌订单，在红海市场中开辟出高毛利细分领域。

4. 游击战：用"极致单品"建立局部优势

完美日记通过小红书KOL种草实现爆发式增长。我们的一个客户孵化的高端烘焙礼盒项目则聚焦北上广精品面包坊，15人团队专注丝印工艺和烫金细节，每个礼盒都附带手写祝福卡片。这种"小而精"的策略，让他们在细分市场建立起不可替代的口碑，利润率比普通包装高出 3 倍。

7.4.2　构建你的护城河

护城河的本质是让竞争对手难以复制系统性优势，可以是技术专利、供应链效率，也可以是用户心智或生态闭环。关键在于找到与企业相匹配的护城河类型，并持续迭代。

1. 资源垄断：掌控"不可再生"的战略资产

宁德时代通过全球布局锂矿资源，构建起"资源－技术－客户"三位一体的护城河；云南有一家知名咖啡企业通过独家收购协议掌控高海拔咖啡豆，联合星巴克建立定制化生产线。这种模式的核心，是将资源优势转化为市场定价权。在包材行业，我们通过参股上游原料供应商，建立稳定的供应链体系，确保在原材料涨价时仍能保持成本优势。

2. 技术垄断：用"持续创新"构筑壁垒

大疆每年将营业收入的 15% 投入研发，其飞行控制系统领先行业 3 ～ 5 年；我们引入 AI 设计系统后，设计效率提升 4 倍，同时搭建物联网生产线实现全流程数字化管理。技术护城河的关键在于动态迭代：当环保政策趋严时，我们迅速研发可降解材料，将环保属性融入产品，进一步加固竞争壁垒。

3. 品牌垄断：在"用户心智"中建立唯一性

蜜雪冰城通过"雪王"IP和下沉市场布局，让低价高质的品牌形象深入人心；我们通过定制服务和快速响应，在中小餐饮客户中树立可靠口碑。品牌护城河的构建需要"情感绑定"：当客户遇到包装设计难题时，我们不仅提供解决方案，还主动分享行业趋势和营销案例，将单纯的买卖关系升级为深度合作伙伴。

7.4.3 找到对手的软肋

商业竞争的终极战场，是对手的"战略盲区"。无论是拼多多抓住下沉市场，还是瑞幸咖啡重新定义咖啡消费场景，其核心逻辑都是在巨头优势中寻找弱点。

1. 站在用户视角看问题

发现用户未被满足的隐性需求。拼多多的成功，源于看到淘宝和京东对下沉市场用户的忽视。当两大巨头在一、二线城市争夺"品质消费"时，拼多多用"社交电商＋低价团购"激活了县域市场。这种"用户洞察"的智慧，同样适用于传统行业：当同行还在比拼包装成本时，我们发现中小商户需要通过包装提升品牌形象，于是推出了"设计－生产－营销"一体化服务，帮助客户实现线上引流。

2. 充分进行模式对比

通过模式对比，解构对手的"必要成本"。星巴克的"第三空间"模式成就了其高端定位，也带来了高租金和高客单价的软肋。

瑞幸咖啡精准抓住这一痛点，通过"线上下单+快取店"去掉空间溢价，将价格降至 20 元左右。这种"模式切割"的策略，在包材行业同样有效：当头部企业依赖标准化生产降低成本时，我们通过"小批量定制+数字化管理"满足中小客户需求，用灵活服务换取高溢价。

3. 预判趋势，找到新机遇

提前研判趋势，在技术变革中寻找机会。今日头条用"算法推荐"重构内容分发，打破了百度依赖搜索的传统模式；抖音以"短视频+去中心化"，冲击微信的社交垄断。这些案例揭示了技术变革往往带来"认知差红利"。

真正的商战智慧，不在于打败多少对手，而在于能否在变化中持续创造价值。正如瑞幸咖啡重新定义咖啡消费场景，拼多多激活下沉市场，这些案例印证了一个真理：商业的终极胜利，属于那些能将"趋势洞察"转化为"用户价值"的战略家。

7.4.4 战略进攻点选择：找准你的进攻点

美团在与饿了么竞争时，选择三、四线城市及外卖业务作为进攻点，避开一线城市的激烈竞争，最终实现市场份额反超；抖音选择短视频社交作为进攻点；快手聚焦下沉市场与"老铁"文化。这些教科书级案例背后，都藏着一个底层逻辑：战略进攻点的本质是"三维共振"——市场趋势红利、自身核心优势、竞争缺口洞察的交集，三者缺一不可。

1. 找到撬动市场的支点

2013 年，我决定将电商作为战略进攻点时，正是找准了这三个维度的共振。当时传统包材企业还在依赖线下渠道，而淘宝日均流量突破 8000 万次，电商包装需求呈指数级增长——这不是简单的追随风口，而是看到了零售业"人""货""场"重构的底层趋势：中小商家崛起需要小批量定制包装，而传统工厂认为该订单"小而杂"，这就是趋势红利与竞争缺口的天然裂缝。

我们的核心优势在哪里？2006 年做环保袋加工时，我们积累了20 多个缝纫女工的小团队，熟悉小批量生产流程，能够快速响应客户的个性化需求。这种小单快反能力，在线下大厂眼中是不划算的劣势，在电商场景中却成了稀缺优势。就像金士顿 U 盘的第一单，他们的 Logo 带渐变色，3 家传统印刷厂拒绝接单，我们却将其视为珍宝 ——2 万件订单，1 万多元利润，更重要的是验证了电商需要定制包装的判断。当年电商业务占比从 0 飙升至 40%，本质是用自身优势楔入了趋势与缺口的缝隙。

这里有个关键认知需要颠覆：趋势红利不是"大家都在做"的热闹，而是"大多数人还没看懂，但少数人已摸到门道"的先机。2019年抖音崛起时，同行普遍认为：短视频是消费品的天下，塑料袋拍视频没人看。但我们通过 3 个月调研发现：83% 的中小餐饮老板会在抖音刷同行案例，60% 的新品牌主理人（指能将自身特质与品牌强结合的创业者）会通过短视频寻找包装供应商。

这不是简单的流量迁移，而是客户决策习惯从"线下货比三家"转向"线上场景种草"的范式转移。我们没有跟风拍摄产品硬广告，而是聚焦"场景化种草"——拍摄奶茶店老板收到定制吸管袋后，顾客因包装精致而拍照发朋友圈的真实场景，这种"润物细无声"的内容，反而成了有效吸引客户的手段。

2. 在巨头盲区中建立根据地

学会反共识决策。中小企业的进攻点，往往隐藏在巨头"看不上、看不懂、来不及"的盲区里。2017 年传统包材行业陷入价格战时，我们没有卷入红海"厮杀"，而是盯上了"定制化包装"这个细分领域。当时行业的规定是"10000 个起订"，但我们发现：电商卖家需要 2000 个起订的小批量，餐饮新店需要 72 小时加急交货——这些小订单在大工厂眼中是负担，在我们这里却是突破口。

这种反共识决策，本质是重新定义客户价值。当同行认为利润来自规模时，我们看到中小客户的痛点就是商机。比如 2018 年服务的一家烘焙初创品牌，需要 1000 个带烫金工艺的礼盒，他们跑遍本地工厂都被拒绝，我们接下订单后，不仅按时交货，还免费提供了设计方案。虽然这个订单的利润只有 3000 元，但是带来了连锁反应：该品牌包装案例，吸引了好几家同类客户。

这种"小而美"的订单，其实是在构建"定制化服务"的护城河——当大工厂终于反应过来时，我们已经积累了 3000 + 中小客户的定制数据，建立了 AI 设计数据库，能在 5 分钟内生成 3 套设计方案，把定制周期压缩到 48 小时。

在抖音进攻战中，我们同样采用"逆向定位"法。当大品牌在抖音砸钱投流时，我们聚焦"人设信任状"——我出镜分享"从KTV 保安到包材大王"的创业故事，这条视频没有介绍产品，而是讲当年欠债 13 万元、靠两部手机唱双簧跑业务的经历。评论区有个刚创业的"95 后"客户留言：涛哥连保安都做过，他说的小单定制肯定靠谱。这条视频成了隐形的招商手册。

因此，中小企业的进攻点，有时候是"把自身经历变成信任资产"，在巨头的标准化服务盲区中，建立起差异化的情感连接。

3. 用最低成本撕开市场缺口

采取针尖策略，才是上策。中小企业资源有限，进攻点必须像针尖一样锋利——不求全面开花，但求单点突破。我们在抖音打造账号矩阵时，没有贪大求全，而是聚焦三个"针尖场景"，每个场景都直指中小客户的核心痛点。

（1）产品场景化：让包装成为生意增长的杠杆。拍摄成都一家奶茶店的案例：老板花了 2000 元定制带品牌 IP 的吸管袋，结果顾客因吸管袋颜值高拍照发抖音，带动门店打卡量每周增加 400%。这种小投入大回报的故事，比任何产品参数都有说服力，视频播放量超 200 万次，评论区很多人留言：求联系方式。我们趁热推出"定制包装提升复购率"的解决方案，直接找准中小商家"低成本营销"的需求。

（2）痛点对比法：把行业潜规则摆到台面上。制作"传统工厂 vs 我们"的对比视频：左边是传统工厂的报价单（10000 个起订、设计费 500 元、交货 15 天），右边是我们的解决方案（小批量起订、AI 免费设计、快速交付）。视频中，工厂老板皱着眉头算成本，我们的业务员当场用 AI 生成设计方案——这种直观对比，让中小客户一眼便能看出价值差异，咨询量当月翻倍。

（3）人设渗透术：让创始人成为信任符号。我曾经出镜的"包材大王涛哥"系列短视频，特意展现真实细节：带着网红站长在工厂蹲守调试印刷机到凌晨、在办公室和客户研究包材方案、跟美工一起去学习 AI 设计课程。有个山东的包子铺老板说："看涛哥视频，觉得这老板实在，找他做包装放心。"这种接地气的人设，比任何品牌广告都更有渗透力，为此帮助我们在抖音积累了 200 多万粉丝，40% 的新客户来自短视频转化。

这种针尖策略的关键，是把客户的隐性需求转化为显性痛点。比如 2023 年通过客户调研发现：60% 的中小客户抱怨包装设计太贵，我们立即推出"AI 免费设计＋八大行业经典模板库"功能——不是简单上系统，而是搭建了包含 10 万＋设计素材的数据库，覆盖餐饮、零售、电商等八大场景，客户只需上传 Logo，就能生成适配不同场景的设计方案。这个进攻点，本质是把"设计成本"这个行业门槛，变成了我们吸引客户的武器。

本章小结

本章围绕"长期主义"核心理念，从使命驱动、精准定位、自我迭代、商战智慧四个维度，解析企业穿越周期的底层逻辑。使命是锚点，如苹果坚守用户体验、华为聚焦核心技术，这些都在提醒我们抵御短期诱惑；精准定位是突破点，需在红海市场找到差异化赛道，如蜜雪冰城下沉市场、我们深耕中小商户定制包装；自我迭代是动力源，通过打破认知盲区、汲取商业智慧、升级圈层网络保持竞争力；商战智慧是方法论，防御战、进攻战等策略需结合自身资源，在巨头缝隙中找到"三维共振"的进攻点。

章末思考

回想创业历程，您是否曾因短期利益而动摇初心？当行业陷入价格战时，您选择随波逐流还是深耕差异化？面对抖音、AI 等新趋势，您是盲目跟风还是结合自身优势精准切入？

　　中小企业最大的挑战，往往是在巨头阴影下找到"小而美"的生存空间。您的企业是否真正找到客户的隐性需求？比如餐饮老板需要的不只是包装，而是通过包装提升品牌的形象的方案；电商卖家需要的不只是产品，而是快速响应的供应链支持。

　　长期主义不是熬时间，而是在每一次战略选择中问自己：这个决策能否积累核心优势？能否为客户创造不可替代的价值？当您的团队在深夜调试设备、当您在展会上收到第一个订单，这些微小的坚持，是否正汇聚成穿越周期的力量？或许，真正的长期主义，就隐藏在对每个客户痛点的深度理解中，在对自身优势的极致打磨中。

第8章
传统企业破卷突围的五大战略误区

在商业竞争的持久战中，传统企业力求突破同质化竞争的桎梏，却往往面临系统性的严峻挑战。作为深耕包装材料行业十余载的实践者，我历经诸多商业周期更迭与市场范式转型，在持续试错与经验沉淀中形成了体系化认知。本章将聚焦传统制造企业最易陷入的五大战略误区，通过系统性梳理与深度解析，匹配具象化风险应对策略，力求为行业从业者提供具备实操价值的转型路线图，助力实现认知迭代与经营突围的知行合一。

8.1 认知误区：用战术勤奋掩盖战略懒惰

8.1.1 沉迷培训、客户需求脱节的典型现象

传统企业在转型升级过程中普遍存在共性困境。当面临转型诉求时，往往陷入高频次参与各类培训课程的误区，将系统性改革简单等同于知识积累。这类企业热衷于参与行业峰会、标杆案例学习等活动，虽积累了大量培训资料和理论知识，但在实际操作中仍固守旧有模式，导致知行严重脱节。这种培训依赖症的本质，是对知

识转化机制的认知偏差——既缺乏对培训内容的深度内化，更未能构建符合企业实际的应用框架。

以教培行业应对"双减"政策为例，K12机构普遍呈现非理性转型态势。多数机构密集参与素质教育与职业教育转型培训，却忽视了对自身资源禀赋与市场需求匹配度的系统评估。某头部机构初期在转型直播电商时尝试复制传统直播模式，市场反响未达预期，直至管理层洞察培训依赖的潜在风险，将战略调整为"知识型直播"模式，通过双语教学与内容价值输出重构电商逻辑，才实现差异化转型突破。

更深层的障碍在于客户需求洞察缺失。企业常陷入产品中心主义误区，过度追求功能完备性与成本优势，却忽视了需求端真实痛点。我自己也曾经历产品开发失误：过度专注技术参数优化，误判市场需求导向，最终导致库存积压。市场调研显示，目标客群的核心诉求集中在特定应用场景的解决方案上，而非单纯的价格竞争。

8.1.2 学习安全感陷阱与经验移植误区

企业对培训机制的过度依赖，本质上是陷入了学习安全感的认知误区。这种思维模式将持续学习等同于核心竞争力提升，却忽视了实践转化的关键价值。从经济学视角看，这折射出典型的沉没成本谬误——企业基于既往投入的时间与经济资源，即便认识到培训体系与战略发展的偏离，仍选择持续追加投入，形成非理性的决策闭环。这种状态恰似跑步机训练机制，虽呈现高强度的机械重复动作，但并未产生实质性的位移效益。

经验移植和认知偏差同样值得警惕。当企业忽视市场环境异质性、客户群体特征及自身资源禀赋的独特性，盲目复制外部成功模式往往导致战略失效。以影像行业转型为例，某老牌企业在数码技术革新浪潮中，试图直接移植竞争对手的研发生产体系，忽视自身庞大的胶片产业链条和品牌认知惯性，结果非但未能开拓数码产品市场，反而导致核心业务资源错置，最终陷入系统性经营困境。

8.1.3 破局方案：痛点反推、场景代入、数学验证的认知校验法

如何有效规避认知误区？基于实践研究，我提炼出三项核心方法论：痛点反推法、场景代入法及数学验证法。

首先，痛点反推法。摒弃闭门造车的决策模式，而是通过实地调研获取用户真实反馈。例如，在包材行业实践中，经深入调研发现中小企业普遍面临定制包装设计成本高昂、最低起订量门槛偏高、交货周期过长等难题。针对此，我们通过部署 AI 智能设计系统将设计成本大幅下降，实施柔性生产使起订量降至原标准的 30%，优化供应链管理使交货周期缩短了 40%，从而显著提升了客户满意度。

以华为应对芯片制裁的破局策略为例。2023 年，美国实施全面技术封锁后，华为技术团队并未盲从行业 7nm 制程研发路径，而是通过系统分析锁定国内供应链核心痛点——中芯国际 14nm 制程的能效瓶颈。通过联合技术攻关，重点突破芯片 3D 封装技术与信号传输优化方案，华为成功实现了新一代移动终端能效的显著提升，与前代产品相比，能效得以大幅提升，远超行业平均水平，进一步巩固了自主技术生态。

其次，场景代入法。构建用户场景仿真模型，通过全流程体验洞察改进契机。在餐饮包装领域，我们建立场景化研究实验室，完整还原从后厨备餐、服务员传菜到顾客用餐等 23 个关键接触点。数据分析显示，外卖洒漏率与包装开启耗时过长是亟待解决的两大核心问题。据此研发的双层卡扣密封结构使洒漏率下降至 0.3%，创新易撕设计将开启时长压缩至 1.2 秒，我们相关专利技术已覆盖主要产品线。

瑞幸咖啡的场景重构战略，展现出对消费市场的深刻理解。通过挖掘消费行为特点，其团队注意到下午茶时段存在较大的产能利用空间。从 2020 年尝试国风茶饮，到 2024 年推出"上午咖啡下午茶"营销计划，品牌不断探索非黄金时段的消费潜力。通过限时优惠激活消费，结合品牌代言人打造热门产品，再到推出"东方茶韵"系列创新茶饮，配合灵活的定价机制，成功在非高峰时段实现增长，尤其在年轻女性群体中获得良好反响，核心产品复购率远超行业平均水平。

最后，数学验证法。强调数据驱动的量化分析。以新产品开发为例，建立包含市场、竞品、成本等多维度的评估体系，通过科学的模拟测算，提前预判风险并调整策略。例如，某企业在推出新型包装产品前，通过数学模型模拟不同市场场景下的销售数据，结合敏感性分析调整定价策略，最终实现市场占有率提升 15% 的目标。这种方法论与认知迭代、需求洞察等理论相互补充，形成科学的决策体系。企业实施时需注意建立动态监测机制、配置标准化评估工具，并辅以敏感性分析，让数据真正为决策服务，实现科学与人性化的平衡。

企业实施时需注意：痛点反推应建立动态监测机制，场景代入需配置标准化评估工具，数学验证必须辅以敏感性分析，三者协同方能构建科学决策体系。传统企业唯有打破战术勤奋的表象，通过深度洞察需求、重构战略逻辑，方能在数字化浪潮中实现破局突围。

8.2 战略误区：在错误战场发动自杀式冲锋

几年前行业里流行一句话：对标头部是最短的成功路径。那时的我们，看着 Temu 用低价策略在海外市场扩张，抖音携流量杀入本地生活，很难不心动。但后来才明白，那些被热议的"对标神话"背后，藏着无数企业交过的学费。

8.2.1 战略对标：警惕"镜像陷阱"的商业误区

1. 当低价神话遇上价值鸿沟

2022 年，Temu 初入美国市场时，我们团队天天研究它的全托管模式。当时行业都在说"亚马逊要慌了"，但很少有人冷静分析：美国消费者逛亚马逊是为了找到放心的好东西，而 Temu 的核心却是用极低价格吸引尝鲜者，这本质上是两种不同的价值主张。

有个在深圳做跨境服装的朋友让我印象深刻。他仿照 Temu 的爆款逻辑，用国内的快消面料做欧美市场的成衣，结果刚上线就因质量问题被投诉下架，几十万的库存堆在海外仓库，连打折都没人要。后来我们复盘发现，Temu 早期的用户激增靠的是社交裂变的"新鲜感"，当热潮退去，留存率远低于预期——毕竟，低价能买来流量，却买不来真正的品牌信任。更关键的是，海外市场的合规门槛、文化差异，远不是复制国内供应链就能跨越的。通过这件事，我们深刻意识到：对标不是照镜子，而是要先看清镜子里的环境是不是真的适合自己。

2. 流量逻辑撞上场景壁垒

2023 年抖音进军本地生活时，我们也跟着开了一家店。一开始想着短视频流量这么大，随便分点就能成事，结果现实给我们狠狠地上了一课：用户在刷短视频时是放松的娱乐心态，突然跳到支付页面买套餐，中间的转化断层比想象中难得多。

记得有个做餐饮的客户，9.9 元套餐在抖音爆单，结果线下根本接不住，点餐系统坏了，服务员手忙脚乱，最后被食客差评到停业。后来我们发现，美团的成功靠的是用户带着明确消费需求来，而抖音需要从娱乐内容里创造需求，这两者的运营逻辑完全不同。那段时间，我每天盯着后台的流失数据，逐渐明白：跨场景竞争不是流量平移，而是要重构用户心智——当用户在你的平台上没有"消费惯性"，再大的流量也只是路过的风景。

更令人警醒的是，同质化对标还会带来品牌认知的灾难。当消费者在货架前面对十几个相似的包装，只会把它们归为同一类产品，企业辛苦投入的营销费用，最终都成了教育市场的公共成本。我们曾试图用相似的设计争夺头部客户，却发现无论怎么降价，客户始终将我们视为替代品，而非首选品牌。后来，我们彻底明白：商业竞争不是零和博弈，盲目模仿不仅会吞噬利润，更会让企业失去灵魂，沦为市场浪潮中的无根浮萍。

3. 同质化对标的隐性代价

五年前，我们发现行业头部的爆款包装卖得火热，于是也投资跟进。一开始确实卖得不错，市场渗透率很快起来了，但越往后越不对劲：同样的材质、相似的设计，我们的成本比头部高，只能靠降价维持，利润率越来越薄。更要命的是，客户买了一次就没下文了，留存率很低。

这种同质化竞争还引发了恶性的价格循环。为了清库存，我们不得不参与一轮又一轮的降价促销，利润空间被压缩到几乎为零。而头部企业凭借规模效应和品牌优势，即使同样降价，依然能保持盈利；反观我们，每一次降价都像是在饮鸩止渴，不仅没能扭转局面，反而让品牌形象在低价泥潭中越陷越深。

当时，我们的库存像滚雪球一样越积越多，周转率比同行慢了近一半。每天去工厂，看着堆积的包装袋，心里特别堵——我们明明做了和头部一样的产品，为什么就是做不出一样的效果？后来和一位老客户聊天，他说：你们的包装袋和盒子都挺好看，但和别人的没区别，我为什么要一直买？真是一语点醒梦中人：对标可以学企业表面的模式，但学不来其背后的品牌溢价和客户关系。没有差异化的价值主张，所谓的对标不过是给他人做嫁衣。

4. 对标是"解码"而非"复制"

这些年看过太多类似的故事，渐渐意识到：真正的对标，应该是"解码成功背后的底层逻辑"，而不是"粘贴复制别人的操作手册"。回到我们自己的经历，最大的教训是对标前先问自己几个问题：目标企业的核心优势，是否建立在我们具备的底层资源上？对标对象的用户需求，和我们面对的市场是否真的一致？模仿的是结果还是过程？有没有能力在细节上做到超越对方？

商业世界里，从来没有通用的成功公式。就像登山者不会盲目模仿别人的路线，真正的高手懂得根据自己的体力、装备和天气，找到那条适合自己的路。对标不是终点，而是起点——从别人的经验里提炼底层逻辑，再结合自身优势重新创造，才是破局的关键。毕竟，能穿越周期的企业，从来不是别人的复制品，而是自己故事的书写者。

8.2.2　底层错位：功能堆砌与规模崇拜的战略误区

企业在战略深水区触礁，往往始于两个隐蔽的认知暗礁：功能堆砌成瘾与规模崇拜盲从。这两大误区如同镜像陷阱，前者让企业陷入"功能肥胖"，后者导致"规模虚胖"，本质上都是对商业本质的偏离。

功能堆砌与规模崇拜的本质，是企业在战略选择时的认知偏差。这种偏差源于对市场趋势的误判，以及对自身能力边界的模糊认知。企业在追求增长的过程中，往往容易被短期利益蒙蔽双眼，忽视了长期发展的核心要素。而要突破这些战略误区，企业必须回归商业本质，重新审视自身的战略定位与发展路径。

1. 用"加法思维"制造战略赘肉

许多企业患上"功能焦虑症"，误以为功能叠加等于竞争力升级。以某头部电商平台的"闪购"战略为例，它试图将直播带货、即时配送、社交裂变等功能整合为"全能套餐"，结果却如同给自行车安装了飞机引擎——外表光鲜，实则不堪重负。用户界面被十余个功能模块充斥，原本简洁的三步下单操作流程被拖沓至五步，导致众多用户在烦琐的操作中逐渐流失。这种错误的本质，是混淆了"功能丰富度"与"用户价值密度"：若企业沉迷于"我们能做什么"，就会忘记"用户需要什么"。就像餐厅推出上百道菜的菜单，反而让顾客选择困难，不如专注几道招牌菜来得实在。

功能堆砌的深层病灶，在于战略规划的"技术浪漫主义"。团队沉醉于技术实现的成就感中，却忘却了商业的根本——解决具体问题。我身边就有一家智能硬件企业曾研发带测温、定位、社交功能的手环，最终因续航不足、操作复杂，市场上反响平平。反观那些聚焦单一痛点的产品，比如专注运动监测的Fitbit，反而在细分市场上站稳脚跟。Fitbit的产品线专为运动场景设计，具备防水、长续航及多运动模式识别能力，通过精准数据追踪帮助用户实现健身目标。因此，真正的竞争力，是在核心需求上做到极致，而非在功能列表上做加法。

2. 当"做大"变成"做肿"

这些年，我有一个强烈的感受：规模扩张的诱惑，让无数企业陷入增长幻觉。全球零售巨头沃尔玛的电商转型困境，就是一个鲜活的例子。其关闭了许多中型门店并仓促启动战略转型，将资源倾注于高端会员店与云端零售赛道，却因核心客群定位模糊陷入双重困境——挑剔的高净值群体诟病其选品缺乏稀缺性，而价格敏感型消费者则质疑其让利幅度不及社区卖场，最终落得进退两难的尴尬局面。出现这一问题，主要原因是误把规模大小等同于竞争壁垒，忽视了规模扩张的边际效应——当管理半径超过组织能力边界时，每新增一个业务单元，反而会成为拖垮企业效率的负担。

对初创公司来说，"规模中毒"破坏力更强。有个 SaaS 公司，三年里员工从 50 人暴增到 500 人，办公室换了 3 次，结果管理一团乱，人均效率反而大幅下滑。最危险的时候公司账上资金只够支撑公司运作 45 天，创始人不得不抵押房子来救急。

3. 战略的本质是做减法

无论是功能堆砌还是规模冒进，我认为根源都是"贪婪思维"在作祟——既渴望捕捉到每一个机遇，又忧虑错失任一个风口。但真正的战略高手，都深谙舍弃的艺术。

（1）功能层面。学会用"用户痛点放大镜"筛选功能，每个新增模块必须回答"解决了谁的什么问题"，避免陷入"为创新而创新"的怪圈。

（2）规模层面。建立"反规模冲动"机制，在扩张之前，需审视三大关键问题：核心业务是否具备难以撼动的地位？组织能力是否足以支撑？边际成本是否处于可控范围？

在商业史上，那些能够持续发展的企业往往不是追求速度最快的企业，而是那些能够实施"战略节食"的企业。例如，宜家通过实施"有限 SKU + 高性价比"的策略，以及 Costco 通过"精选商品 + 会员制"的模式，成功地构建了其市场护城河。

8.2.3 避开战略误区的策略

我总结出了一套战场选择矩阵，它由高频需求、技术储备、情绪价值三个关键要素构成，就像支撑企业的三条腿，缺一不可。

1. 找到用户的刚需

我们每个企业都在寻找市场机会，但真正的机会往往隐藏在高频需求里。以美团闪购为例，该平台精准地把握了上班族午后提神的需求，推出了受欢迎的轻乳茶产品，并通过优惠券促销策略迅速打开了市场。这让我想起我们公司早期承接餐饮包装大单的经历，那次因为机器故障导致交货延迟，差点丢了客户，还被扣了货款。那次事件给我上了深刻的一课：高频需求意味着客户对时效性和稳定性有着极高的要求，一旦服务无法满足，便会失去客户的信任。

后来我们一门心思优化流程，不再盲目追求订单数量，而是聚焦餐饮和电商这类高频需求市场，提高交付能力。高频需求就像一个"刚需开关"，只要能持续稳定地满足，客户就会形成依赖。就像每天都要用的日用品，你习惯了某个品牌，下次还是会选择它。对企业来说，与其在低频需求市场抢份额，不如深耕高频领域，把服务做成客户生活里的"必需品"。

2. 打造企业差异化竞争力

技术储备是企业立足市场的关键，Shein 正是凭借其数字化柔性供应链的创新实践，在跨境快时尚领域脱颖而出，成为全球最受欢迎的时装品牌之一。他们小批量试产、快速调整的模式，有效避免了库存风险，提升了运营效率。我们研发 AI 设计系统的日子，那段时间，团队不分昼夜地攻克难关，面对技术难题，大家焦急万分，连吃饭都顾不上。经过一番拼搏，我们不仅降低了设计成本，还能快速响应客户需求，竞争力一下就提高了。

技术储备不是为了跟风炫技，而是要打造企业的"护城河"。它能让你在市场变化时快速调整，在竞争对手还没反应过来时，就已经抢占先机。就如同战场上的勇士，拥有先进武器的一方，无疑会占据更大的优势。不过，技术投入也要量力而行，不能盲目追新，要结合自身业务需求，把钱花在刀刃上，让技术真正为业务赋能。

3. 与用户建立情感纽带

你喝过瑞幸咖啡吗？他们的国潮联名系列，把文化元素和暖心文案融入产品，成功勾起了消费者的情感共鸣，这一点做得非常成功。即便价格更高，大家还是愿意买单，并主动分享打卡。

在产品同质化严重的今天，情绪价值就是企业的"秘密武器"。我们给烘焙品牌设计包装时，印上温馨祝福语，没想到收获了意外惊喜，客户复购率提升，还带来了新客源。

情绪价值就像一座桥梁，能拉近企业和用户的距离，建立起深厚的情感纽带。有时候消费者购买的，不仅是产品本身，更是一种情感的体验和个性的自我表达。无论是一句温暖的文案，还是独特的设计风格，只要能触动用户的心，就能让他们成为忠实粉丝。企业要学会倾听用户的情感需求，把这种需求融入产品和服务中，让用户在使用过程中产生归属感和认同感。

4. 让决策更靠谱

做企业不能只凭感觉决策，数学验证至关重要。新东方在线转型直播电商后，通过精准的策略调整和测算，实现了营收和净利润的显著增长，最终在 2023 财年中期实现了净利润的大幅提升，扭转了之前的亏损局面。

企业经营不易，一次错误的决策可能就让企业陷入困境。为此，我们在推出新产品时，每次都会先小规模试销，收集数据计算盈亏平衡点。有一次开发新包装盒，试销数据显示利润微薄，我们及时调整方案，避免了亏损。

数字验证就像企业的"指南针"，能帮助我们看清市场趋势，评估风险。在做重大决策时，不能只靠经验和直觉，要学会用数据说话。通过建立数学模型，模拟不同策略的结果，找到最优解。当然，数据只是参考，最终决策还需要结合市场实际情况和企业自身优势，但有了数据支撑，决策就能更科学、更靠谱。

这三个要素和数学验证相辅相成，高频需求让企业找到方向，技术储备提供竞争力，情绪价值增强用户黏性，数学验证确保决策正确。只有将它们有机结合起来，企业才能在复杂多变的市场环境中，避开战略误区，走出一条稳健的增长之路。

8.2.4 战略破局的底层逻辑

战略破局的关键，在于挣脱盲目对标模仿的桎梏，转向独特价值的挖掘与创造。

回看商业发展史，真正的破局从来不是踩着别人的脚印走，而是在用户需求的土壤里，种出自己的梧桐树。这几年见过太多企业沉迷对标攻略，盯着行业头部的产品参数、营销战略"抄作业"，却忘了一个核心真相：模仿能拿到入场券，却永远拿不到决赛权。

1. 价值创造的本质：在高频刚需里扎根

小米智能家居的逆袭特别值得学习。他们没有专注于传统家电巨头的硬件参数竞争，而是专注于满足家庭场景中的高频需求。例如，谁不想一回家就能享受到灯光自动调节到喜欢的亮度，空调提前调整到舒适温度的便利？这种润物细无声的日常需求，实际上比任何炫酷的黑科技更能吸引用户。

几年前包材行业陷入低价混战，企业间竞相压价，利润被一再削薄。后来我们转变思路，跳出红海，发现越来越多客户开始在意包装的环保属性和个性化表达——有人想给蛋糕盒印上顾客的名字，有人需要可降解材料来应对环保政策。这些看似细分的需求，其实隐藏着客户未被满足的高频刚需。在推动绿色消费和采用环境友好的绿色包装成为当务之急的背景下，我们投入研发可降解材料，推出"定制设计工坊"。虽然初期投入较大，甚至被同行笑称为"吃力不讨好"，但随着环保意识的提升，我们发现高端客户愿意为环保溢价买单，而电商客户也看重定制包装带来的品牌传播力。这些差异化优势，让我们在同质化竞争激烈的市场中开辟了新的航道。

2. 数据洞察的深层价值：从看数字到懂人性

瑞幸咖啡的"上午咖啡下午茶"营销策略，表面是数据驱动的产品创新，本质是对消费场景的重新定义。他们没有停留在午后咖啡销量占比的浅层数据，而是深挖到性别差异背后的消费心理：女性用户在下午时更倾向于"轻负担、有仪式感"的饮品，低糖果香不应该是简单的口味选择，而是都市人对"午后小确幸"的情感投射。这种把数据翻译成"人性需求"的能力，才是情绪价值落地的关键。当咖啡杯上印着"生活很苦，咖啡很甜"，喝的就不只是饮料，而是疲惫生活里的一句慰藉。

我们在给烘焙客户设计包装时，曾试过无数种花哨设计，最后打动他们的反而是一句简单的"愿每个清晨都有甜蜜相伴"。客户说，顾客反馈称，这句话让他们联想到为家人准备早餐的温馨画面，进而促使复购率悄然上升。这让我深刻意识到：数据是罗盘，人性是地图。再精准的消费数据，也要转换成用户能感知的生活场景，才能变成有温度的价值点。

3. 战略取舍的底层逻辑

创业越久，越发现做减法比做加法更需要勇气。企业若将资源分散于多个领域，每个业务只能获得有限的成果；而将资源集中于核心领域，才能在关键市场中取得显著成效。当关闭非核心业务时，肯定面临无数内部质疑——就像我们当年取消低利润业务线，老员工们舍不得多年的老客户，觉得"瘦死的骆驼比马大"。但现实很残酷：那些勉强维持的业务，不仅消耗着现金流，更让团队失去了聚焦的能力。

另外，战略一定是一把手工程。我曾带着团队去拜访客户，看着他们对我们新推出的环保包装眼睛发亮，却对老产品提不起兴趣，大家才真正明白：放弃不是失败，而是给核心竞争力腾地方。现在回头看，曾经令我们难以割舍的业务，最终成为战略征途中的绊脚石，而聚焦后的核心业务，就像滚雪球一样，越滚越有势能。

4. 价值创造的三重境界

（1）需求穿透：不是发现需求，而是定义需求。小米通过其场景化战略升级，重新定义了智能家居，强调的是场景化的生活服务，而非简单的设备堆叠。

（2）差异生根：差异化并非追求新奇，而是在用户心中占据不可或缺的位置，哪怕只是一个包装盒上的温度。

（3）取舍有道：战略聚焦的本质，是承认"企业资源有限"的真相，把子弹集中在能打穿市场的枪管里。

在商业史上，那些成功穿越周期的企业，往往不是追求成为"全能选手"，而是专注于成为"价值狙击手"。他们深知，在模仿和对标中陷入无休止的竞争并非长久之计，而是应该回归到用户价值的核心，找到那把能打开市场的专属钥匙。这把钥匙可能是独特的技术、创新的体验，或是一个微小但深刻的情感洞察。关键在于，它必须是企业所独有的，难以被竞争对手复制的独特价值。毕竟在商业战场上，稀缺性永远比规模性更有杀伤力。

8.2.5 给中小企业的实战建议

在市场里打拼，就像在迷雾里开船，稍不注意就容易触礁。我凭借多年摸爬滚打的实战经验，整理出几个至关重要的实战技巧，这些都是宝贵的教训，希望能助你一臂之力，少走弯路。

1. 切勿"东施效颦"，找准自己的定位

现实中有很多企业盲目跟风，最后把自己拖垮。一个做地方菜的餐饮老板，看海底捞服务火爆，便投入资金、人力学习海底捞为消费者提供免费美甲、送果盘服务，结果成本飙升，菜的味道却没跟上，半年就亏损了百万元。经此挫折，他痛定思痛，深入探究本地食客的口味偏好，精心研制出独具特色的酱料，主打家常实惠的品牌理念，竟在社区里声名鹊起。

这背后藏着一个关键逻辑：大企业像鲸鱼，靠规模效应横扫市场；我们中小企业应该像鲨鱼，找到细分领域的空白点，一招制

胜。我们不要总盯着头部企业的模式，先问问自己：我的资源能解决哪类客户的哪些痛点？就像我们做包装的，不能跟大工厂拼产能，而是在"小而美"的定制服务上钻研，反而能闯出一片天。

2. 精简冗余功能

多做减法，让产品轻装上阵，焕发新生。企业往往容易陷入"功能越多越好"的误区。有个做文具的朋友，将文具盒研制出十几种功能，结果价格高、故障率也高，销量惨淡。后来他狠下心砍掉非核心功能，只保留最基础的收纳，成本降了一大半，反而成了学生群体的爆款。

我们曾经开发过一款"多功能包装盒"，能适配各种产品，但实际用起来又贵又复杂，客户根本不买账。后来精简功能，推出"模块化包装"——基础盒型搭配不同配件，既降低了成本，又满足了客户多样化需求。切记，产品犹如圣诞树，过度装饰只会适得其反，失去其核心价值。真正的好产品，是把核心功能做到极致，砍掉那些华而不实的"赘肉"。

3. 用"情绪钩子"钩住客户的心

有个做烘焙的客户，在包装盒上印了句"今天也要好好吃饭"，结果很多顾客拍照发朋友圈，复购率大大地提升。我们给鲜花电商设计包装时，印上"把浪漫准时送达"，不少情侣专门为了这句话反复下单。

这背后是一个被忽视的真相：消费者买的不仅是产品，更是一种情感体验。我们中小企业资源有限，与其在广告上投入，不如在包装、文案这些细节上下功夫。一句戳心的文案、一个暖心的设计，就像钩子一样，能把客户的心牢牢钩住。正如路边小店老板熟记老顾客喜好一般，这份细腻的人情味，才是构筑强大竞争力的不二法门。在产品同质化严重的今天，细节里往往藏着大生意。

4. 数据是"指南针"，但别被它绑架

吃过没数据的亏，才知道它有多重要。早期我们看某种包装材料很火，没做调研就大量囤货，结果市场急转直下，损失惨重。从那以后，我们养成了"用数据说话"的习惯：推新品，先小试牛刀，精准测算盈亏平衡点；细品客户反馈，以数据为翼，持续优化产品。

但也要警惕数据陷阱。曾经有个客户，过度依赖市场调研数据，结果做出的产品四平八稳，毫无特色。数据是个好工具，但不是万能答案。它能告诉你"发生了什么"，至于"为什么发生"和"该怎么做"，就需要企业依靠商业眼光和实战经验结合起来判断了。就像老渔民预测天气，既要看气象预报，还要学会观察云彩的动向、感受海风的变化。

在商业领域，中小微企业虽不具备大型集团抵御风险的综合实力，却拥有灵活机动的结构性优势。谨此向经营者提出若干建议：避免盲目追逐市场热点，着力培育核心竞争力；不必执着于规模扩张，在细分市场建立专业壁垒方能成就领域龙头；摒弃将客户视作交易数据的观念，以真诚服务构建长期合作关系；切忌依赖主观臆断，须以数据驱动实现科学决策。基业长青的关键不在于发展速度，而在于复杂环境中精准把握战略方向，实现可持续发展。愿与诸君共勉，将企业锻造为具备跨代际生命力的卓越品牌。

8.3 沟通误区：自私自利造成的鸿沟

传统企业转型难，难在组织架构像生锈的齿轮——表面完整，运转起来却处处卡壳。我见过太多老板空有创新热情，却被科层制的层层壁垒制约。下面结合自身经历和国内案例，谈一谈科层制如何扼杀创新，以及我们该怎么破局。

8.3.1 全员直播失败、创新项目夭折的组织困境

在直播电商发展的黄金时期，有一家家电制造企业推行全员直播战略。该企业要求各部门协同制订直播方案并推举主播人选，但在实际执行过程中，跨部门协作机制暴露出显著弊端。市场部门精心编制的直播脚本，因赠品预算超出财务部门的内控标准，在审批流程中滞留长达三周；销售部门在主播遴选环节采用行政职级优先原则，导致分管后勤工作的副总经理作为出镜主播，在直播过程中混淆变频技术与变频空调概念，引发观众群体的广泛质疑。待该项目完成全部审批流程并正式落地时，同类竞品已率先完成市场占位与份额抢占。相似案例在服装行业亦屡见不鲜，据某品牌企业负责人反馈，从直播设备采购申请到审批完成耗时长达两个月，错失行业发展窗口期。

这些失败案例背后，折射出科层制管理的深层矛盾：标准化流程追求稳定可控，却在瞬息万变的市场中沦为创新的镣铐；清晰的权责划分本义是提高效率，实际却造成部门间的"信息孤岛"和"责任推诿"。当企业陷入这种组织困境时，不仅会错失发展机遇，更会在长期竞争中逐渐丧失活力。而更隐蔽的"杀手"，来自 KPI（关键绩效指标）体系与层级壁垒的双重挤压。

8.3.2　KPI 考核与层级壁垒的双重挤压

我与身边很多企业老板谈论过，企业到底应该层级化还是扁平化？最后得出一个结论：传统企业的 KPI 考核体系，往往成为创新的沉重枷锁。以我们合作的一家食品企业为例，其硬性规定销售团队的新品销售额必须占比 30%。然而，一线业务员经过成本核算发现：推广新品不仅需要反复拜访客户、开展产品培训，且回款周期长；相比之下，销售成熟产品能更快拿到提成。这种利益导向下，三年过去，货架上依旧陈列着陈旧包装的产品。

与此同时，新锐品牌凭借国潮礼盒等创新产品，精准切入年轻消费市场，迅速抢占市场份额。这正是哈佛商学院教授克里斯坦森提出的"创新者窘境"的典型写照——当 KPI 过度聚焦短期利润时，企业实则亲手关上了通往未来增长的大门。KPI 考核体系不仅扼杀了创新动力，层级壁垒同样也让企业内部沟通寸步难行。

8.3.3　激活组织方案

1. 努力建立创新特区

给年轻人一片"试错飞地"。海尔当年进行组织变革，其实就是建创新特区。我们学习这个思路，成立了独立于传统部门的"创意工坊"，专门让年轻员工实现新想法。比如"95 后"设计师提出盲盒包装，不用走传统审批，直接拿几千元预算试产。关键是给特区"三免权"：免层层汇报、免 KPI 考核、免部门制衡，让小团队像创业公司一样便利。

2. 给新生代提案权

赋予年轻人提案权的关键，在于打破"论资排辈"的决策惯性。以往基层员工的创新想法，往往在层层汇报中被过滤或忽视。如今将话语权交到一线，就是要用新鲜视角刺破固有思维的天花板，让创新从自上而下的指令，转变为自下而上的生长。从绿橙到"一箱办"，我们一直努力给新人提供直接发声的通道，我们还设立了"创意直通专线"，每月固定时间让新人直接向高管层阐述想法，不少提案当场就获得资源支持。事实证明，当组织愿意倾听年轻人的声音，创新就不再是遥不可及的梦想，而是实实在在的生产力。

除了赋予新生代提案权，我们还可以通过重组团队架构，激发组织活力。让每个团队都能成为独立运转的创新单元，而非被动执行指令的机械部件，这才是打破科层制桎梏的关键一步。

3. 让每个小团队都成为发动机

小团队作战模式，本质上是将市场压力直接传导至组织末梢。每个成员都能清晰感知市场冷暖，而非隔着层层汇报过滤后的二手信息。当"听得见炮声的人"掌握决策权，创新便不再是会议室里的纸上谈兵，而是直面市场痛点的实战突围。

当小团队拥有了自主决策的权力和空间，组织的创新活力便开始呈指数级增长。这种变革不仅是对科层制的突破，更是对企业生存发展逻辑的重构。从设立创新特区到赋予新生代提案权，再到重组团队架构，这些"变形术"的核心，都在于打破企业传统管理模式的桎梏，让创新基因真正融入企业的血脉。

8.4 文化误区：无法持久战斗的祸根

从企业战略管理视角观察，部分中小企业决策者存在显著的实用主义倾向，将企业使命与愿景视为大型组织的形式化构建，片面聚焦于短期盈利目标。

现实中有些企业老板经常拍着胸脯说："今年我们要做到一个亿的创收"，但真要问起怎么实现这个目标，他们连个像样的价值体系都讲不清楚。还有的领导天天给团队说要"做大做强"，结果翻开公司规划一看，连明年如何发展都不知道。这种"打鸡血式"的管理刚开始可能还有效，等公司真做大了就"露馅"了——没有文化根基的公司就像空中楼阁，单子接得越多，战略根基不稳的隐患反而越明显。

8.4.1 "赚钱至上"的三个后果

1. 员工离心

有时候高薪也留不住人，因为看不到工作的意义。在这种只以金钱为导向的公司氛围中，员工感受不到工作背后更深层次的意义，即便一时因高薪留下，也难以长久，如有更好的发展机会，便会毫不犹豫地选择离开。员工对工作意义的追寻，是精神层面的需求，而"赚钱至上"的企业理念，无法填补这一空缺，最终只能让员工在迷茫中选择离开，企业也因此失去了凝聚核心力量的机会。员工频繁流动，不仅带走了业务经验，还影响团队氛围与协作效率，使企业在人员培训与磨合上消耗过多成本，阻碍企业的稳定发展。

2. 客户流失

依靠价格战吸引来的客户，永远会被更低的价格抢走。我们曾与一个同行同时跟进一个连锁奶茶的订单，最终对方靠低价抢到那个订单，结果第二年又被新竞争对手用更低的价格撬走。慢慢熟悉后，我询问他有何感想，他说："我质量不比别人差，为啥客户说走就走？实在想不通。"其实，这就是因为单纯以低价吸引客户，没有赋予合作更深的文化底蕴，客户看不到一个企业该有的原则和定力，就让客户难以产生安全感，于是很容易被更低的价格诱惑。

其实，客户要的不只是产品，更是对企业价值观的认同——你是想赚快钱，还是真心帮助客户成长？客户在寻求合作伙伴时，渴望找到一家坚守原则、展现文化底蕴的企业，从而建立长期稳定且互利共赢的合作关系，而非仅仅着眼于短期的价格博弈。

3. 决策迷茫

赚钱目标越明确，战略越容易跑偏。这几年流行直播带货，不少包装企业跟风投资直播间，砸钱买流量却亏得一塌糊涂。有个老板跟我复盘："看别人赚钱就跟风，根本没想过我们的核心优势到底是什么，如今自食恶果。"没有使命愿景的指引，企业就像没有罗盘的船，哪个风口热闹就往哪开，最后迷失在同质化竞争的汪洋里。

8.4.2 文化不是虚的，是企业的"隐形发动机"

1. 确定使命：让员工明白"为什么而战"

当年我们公司也走过不少弯路：团队天天加班赶订单，却没人关心客户到底满不满意。直到有一次帮助一个初创面包店设计包装时，老板说："我就想让每个拿到面包的客户，都能感受到我们开店的初心。"这句话点醒了我们，后来为企业制定了使命：让中小商家的包装会说话。现在业务员拜访客户时，不再只谈价格，而是问："您想通过包装传递什么故事？"从中员工也觉得工作有了意义——不是卖包装袋和包装盒，而是帮助客户实现品牌梦想。

　　明确的使命，让员工清晰了工作的意义，他们不再仅仅是为了薪资而忙碌，而是怀揣着帮助客户传递品牌故事的信念，工作热情和归属感大幅提升，这也让企业在市场中找到了独特的价值定位，为长远发展筑牢根基。

2. 描绘愿景：给团队描绘未来

　　有个做五金配件的朋友，以前开会只说"今年产值翻番"，员工听后没感觉。后来他把愿景定为"成为本地制造业最靠谱的配件管家"，并拆解成具体目标：让每个客户3天内拿到定制配件。现在，车间工人主动优化流程，客服主动跟进售后，因为大家知道：每提前1天交货，就是离"靠谱管家"近一步。愿景不是口号，是让每个人知道，自己的工作如何构成企业的未来。

3. 塑造价值观：用"做事原则"代替"老板喜好"

　　最典型的是处理客户投诉：以前我自己说了算，有时为了订单妥协，反而让团队犯难。后来企业遵循了"客户痛点优先"的价值观。有次电商客户着急改版包装，但生产部已经排满，我们依旧按照价值观优先调整产线。虽然企业多付了点加班费，却换来客户连续3年的订单。现在团队遇到选择时不用问我，他们自己就知道这事符不符合"客户优先"。价值观就是企业的"自动导航系统"。

明确的使命、愿景与价值观，构成了企业的文化基石，为企业的发展注入源源不断的动力，使其在激烈的市场竞争中脱颖而出，并实现可持续发展。当企业构建起坚实的文化根基，便能有效规避"赚钱至上"带来的诸多弊端，以更稳健的姿态应对市场的风云变幻，实现企业的可持续发展与壮大。

综上所述，"赚钱至上"的经营理念犹如一把双刃剑，虽可能在短期内带来一定的经济收益，但从长远看，却给企业带来员工离心、客户流失以及决策迷茫等诸多隐患，严重阻碍企业的可持续发展。与之形成鲜明对比的是，构建以使命、愿景和价值观为核心的企业文化，宛如为企业安装了一台"隐形发动机"，能够激发员工的工作热情，增强客户的认同感，为企业战略决策提供清晰指引，助力企业在激烈的市场竞争中稳健前行。

8.4.3　中小企业文化建设的三个重要诀窍

1. 从"解决具体问题"出发，别玩虚的

千万别学大公司，采用辞藻华丽的文字作为企业愿景，可以从业务里提炼。比如，做餐饮设备的企业可以定一个使命：让小餐馆老板用得起好设备。

开便利店的可以定愿景：让社区居民下楼 5 分钟买到放心货。我们公司的价值观"小单也当大单做"，就是从无数次帮助中小客户打样的经历中总结的——当年有个客户只订 200 个包装盒，我们依然认真设计，后来他介绍了 10 多个客户。文化就藏在日常的"怎么做事"里。

2. 老板先"信"，团队才会"跟"

我见过最失败的文化建设，是老板自己都不信使命愿景。总是有老板喜欢在墙上贴"质量第一"，结果客户投诉时却说"差不多就行，别耽误交货"。这种言行不一的做法，会让员工对企业价值观产生怀疑，进而丧失对企业的信任与忠诚，使精心构建的企业文化沦为一纸空谈。

我非常重视企业文化建设，所以我将自己的微信昵称改为"我是谁的信仰"，更是让自己时刻谨记这一点。老板必须以身作则，坚定不移地践行企业使命愿景，在日常经营决策中始终坚守企业价值观，用实际行动向团队传递企业文化的重要性，如此才能引领团队共同朝着企业的目标奋进。

3. 用"小事"渗透，比开会灌输更有效

我们把企业价值观写在公司门口，无论是公司员工还是到访公司的客户都能第一时间知道我们的企业文化，同时每个新客户签约时，业务员都会主动讲述我们公司做事的原则。

当企业文化真正落地生根，企业便能形成一种强大的向心力与凝聚力，这种力量不仅能抵御市场的外部冲击，更能在内部激发无限的创新活力与发展潜能，助力企业驶向可持续发展的康庄大道。

8.4.4 对中小企业老板说句心里话

当年我也认为，文化是吃饱了饭才谈的事，直到看到同行因为"只顾赚钱，没有文化体系"，在环保政策收紧时失去员工和客户的支持——员工不愿陪他转型，客户不愿陪他升级。现在我更加坚

信：文化是企业的"气"，赚钱是"血"，有气没血活不了，有血没气走不远。

招聘时，别只说高薪，讲一讲你想做成什么事；见客户时，别只谈价格，聊一聊你对这个行业的初心。当团队和客户都认同你的"为什么"，赚钱反而成了自然而然的事情。毕竟，谁愿意跟着一个只盯着钱的老板长久奋斗？又有哪个客户会信任一个没有信仰的供应商？文化不是虚的，是让企业运营得长、走得远的根本。

8.5 爆品误区：让企业迷失方向的陷阱

这几年"爆品战略"非常火爆，不少老板幻想着也打造下一个现象级产品，会议室里堆满"爆品打造手册"，上各种打造爆款的课程，工厂生产线也跟着网红款频繁切换。但结果是，要么投资资金链断裂，要么盲目跟风后导致库存积压。爆品不是万能药，如果不明白下面的这些真相，越追求爆品越容易走进误区。

8.5.1 爆品神话背后的四个致命误区

1. 爆品等于流量密码

警惕"营销泡沫"风险。以小家电行业为例，某企业观察到元气森林凭借"0 糖"概念实现市场突围后，迅速跟进推出主打"0添加"概念的厨房用具产品，并投入 200 万元预算开展网红直播营销活动。然而，由于产品在设计研发阶段未能充分解决核心技术问题，上市后陆续暴露出漏水、涂层脱落等质量问题，负面评价集中

涌现。深入分析发现，元气森林爆品成功的关键在于精准把握年轻
消费群体的健康需求，并通过高效供应链实现产品快速迭代优化。
反观该企业，仅机械模仿营销概念，未能有效解决产品核心痛点，
最终导致市场失利。

从商业逻辑角度来看，爆品形成本质上是产品力、需求力、传播
力三者相乘的结果。但在实际经营中，部分企业存在认知误区，将营
销传播置于首位，通过大规模流量投入获取关注；继而仓促拼凑产品
功能特性；最后才发现产品与市场需求脱节，导致用户接受度低。

这种本末倒置的经营策略，与本公司早年推出"网红礼盒包
装"的失败案例如出一辙。当时我们过度关注包装设计的视觉吸引
力，而忽视了中小企业客户的成本预算约束，虽在短期内获得一定
订单量，但未能形成持续市场需求，反而对原有稳定客户群体造成
负面影响。

2. 爆品必须"颠覆行业"

其实，小创新也能成为爆品。很多企业管理者往往误以为爆品
就得像 iPhone 系列手机一样颠覆市场，其实不然。我们给社区面包
店设计"可降解餐盒"时，只是在盒盖加了个"撕口防烫设计"，结
果被周边 3 千米的上班族疯传 —— 爆品可以很小，关键是解决高频
痛点。

足力健老人鞋没有颠覆行业的技术，却凭借精准洞察中老年群
体"走路舒适、安全防滑"的需求，通过在鞋底纹路、鞋帮高度等
细节上持续优化，成为家喻户晓的老人鞋品牌。可见，爆品不需要
惊天动地的变革，只要抓住细分人群的真实需求，在产品细节上做
到极致，同样也能在市场上脱颖而出。

反观某些企业，在追求"颠覆性爆品"的过程中，过度投入资源研发看似炫酷却脱离实际需求的功能，不仅拉长研发周期、增加成本，还错失市场机遇。爆品的诞生，需要脚踏实地地从用户的日常需求出发，在细微之处打磨产品或服务，而不是一味地追求宏大的"行业颠覆"叙事。

3. 爆品靠"砸钱堆出来"

大公司的爆品流程往往是"市场调研→立项审批→研发测试→营销推广"，周期可能会长达半年时间，等产品上市时热度已过。但中小企业的灵活恰恰是优势：我们的"网红站长"团队发现餐饮老板需要"带品牌故事的外卖包装"，从设计到打样只用 1 小时，靠的就是小团队快速试错。为此，小团队反而更有优势。

4. 爆品就是财富

爆品的财富效应看似诱人，实则暗藏风险。企业老板往往只看到爆品带来的短期高收益，却忽视了其背后隐藏的市场波动、竞争加剧等问题。在追求爆品的道路上，企业需要保持清醒的认知，而这就要求我们进一步探讨中小企业做爆品的正确方法和破局方法。

8.5.2　中小企业做爆品的正确方法

1. 从"伪需求"到"真痛点"

别盯着行业报告找方向，应到车间、应到客户店里蹲点。我大多数时间都是和客户，以及每天与客户打交道的网红站长待在一起，听他们讲述打包时的手忙脚乱，听客户抱怨包装成本太高，听站长分享消费者的新奇需求。有次在面包店后厨，老板随口说现在餐盒密封太严实，顾客打开时总把酱料挤得到处都是，我们立刻捕捉到这个痛点，才有了后来带防溢设计的爆款餐盒。

谨记：爆品的灵感经常藏在客户的抱怨里，而不是会议室的PPT上。

2. 从"all in 爆品"到"轻资产试错"

小步快跑比完美规划更重要。别学大公司搞"爆品发布会"，先做"最小可行性产品"（MVP）。我们推"AI 设计包装"时，先在 10 个老客户群测试，根据客户反馈删除 3 个复杂功能，成本降了40%，客户接受度反而提升。做童装生意的某老板更精明：把新款童装先挂在朋友圈预售，根据订单量调整生产，几乎零库存积压。轻资产试错的核心是：用最小成本验证需求，错了及时调头，对了快速放大，别把子弹全押在一个"爆品"上。

中小企业资源有限，单点突破后容易陷入增长瓶颈。此时，从"单品爆款"转向"爆品矩阵"，能有效提升用户黏性和复购率。比如我们服务的某文具品牌，从一款爆款错题本出发，延伸出配套的笔袋、贴纸、便签本等周边产品，通过组合销售和场景化营销，不仅拓宽了盈利渠道，还将用户生命周期价值提升了近一倍。

通过轻资产试错验证需求后，企业就具备了打造爆品矩阵的基础。这不仅能降低单一产品风险，还能充分挖掘客户价值。从单品爆款到爆品矩阵，是企业从"单点突破"迈向"立体经营"的关键跨越，也是构建可持续竞争力的必经之路。

3. 从"单品爆款"到"爆品矩阵"

让每个产品都成为流量入口才是核心。爆品不是一次性买卖，而是打造"产品生态圈"。我们的"网红站长"模式就是典型：基础款包装引流，定制设计增值，供应链服务锁客，形成"爆品＋服务"的组合拳。

前段时间，我在研究案例时，发现有一家做厨房用品的企业：从爆品"防粘炒锅"切入，延伸出"锅铲套装""围裙周边"，每个产品都带二维码引流到小程序，复购率直线提升。

中小企业做爆品，要像"滚雪球"一样：先用小爆品打开缺口，再围绕客户需求延伸产品线，让每个爆品都成为连接客户的触点。

8.5.3　中小企业做爆品的破局方法

1. 给传统企业老板的三个提醒

（1）别被"爆品焦虑"冲昏头脑。先问自己：我的核心优势是什么？是供应链还是客户资源？爆品要建立在既有优势上，而不是推翻重来。

（2）爆品≠畅销品。畅销品靠口碑积累，爆品靠痛点突破。与其追求"一夜爆红"，不如先让100个客户真心说好。

（3）爆品需要"组织敏捷"。如果你的团队做任何决策时都要层层审批，爆品项目大概率会"死"于流程里。请参考前面讲的"创新特区"模式，给予爆品团队独立决策权。

2. 爆品是结果，不是目标

当年我们盲目跟风做了"网红包装"，结果库存积压、现金流吃紧。后来发现中小客户需要的不是"爆款设计"，而是"快速响应的定制服务"。于是我们重新出发，聚焦"小批量生产"，反而成为行业里的"隐形爆品"。爆品从来不是刻意打造出来的，而是在解决客户痛点时自然绽放的。

与其追逐爆品的热闹，不如修炼产品的"内功"。当你的产品能让客户主动发朋友圈推荐，能让同行忍不住模仿，这时候，爆品自然就来了。

本章小结

本章揭示了传统企业转型的五大误区：认知上用战术勤奋掩盖战略懒惰，战略上盲目对标陷入镜像陷阱，组织中科层制扼杀创新，文化上唯利是图缺乏价值观，爆品上盲目追逐流量忽视需求本质。每个误区都有实战案例解析病症、逻辑与破局方案，如用痛点反推法破解认知盲区，以"创新特区"打破组织壁垒，借使命愿景构建文化根基，强调中小企业须以"差异化价值创造"代替简单模仿，在细分领域建立不可替代性。

章末思考

你是否曾为了解行业趋势频繁参加培训，却发现实施时处处碰壁？是否在对标头部时，忽略了自身供应链与目标客户的本质差异？当团队提出创新想法时，是否因流程冗长或 KPI 压力而将其搁置？

中小企业的生存法则从来不是"复制成功"，而是"精准定位"——你的企业有没有花时间研究客户场景，挖掘未被满足的真实需求？有没有给年轻人试错的空间，让一线员工的创意直达决策层？当价格战越演越烈时，你是否想过用一句走心的文案、一个贴心的设计，让客户记住你的"不一样"？

商业的本质不是百米冲刺，而是马拉松式的价值积累。避开误区的关键，在于回归"人"的需求：员工需要价值感，客户需要安全感，而企业需要穿越周期的底层逻辑。下次决策时，不妨多问一句：这个选择，是为了短期利润，还是在构筑企业的"不可替代性"？

后　记

在这个瞬息万变的商业时代，我们都在时代的浪潮中奋力前行，每一次选择、每一个决策，都可能决定着我们未来的方向。我深知创业的艰辛与不易，也体会过成功的喜悦与满足。写这本书，就是希望能够将自己的所思所想、所见所闻，毫无保留地分享给每一个怀揣梦想、勇于追梦的创业者。

商业的世界，没有一成不变的法则，也没有永远的赢家。我始终相信，那些敢于突破、不断创新、坚持长期主义的追梦者，终将在时代的舞台上绽放光彩。希望本书能够成为你们手中的一盏明灯，在黑暗中为你们照亮前行的道路；希望书中的每一个案例、每一段分析，都能成为你们手中的利剑，帮助你们在商海中披荆斩棘。

创业是一场漫长的旅程，充满了挑战与机遇。愿诸君在创业的道路上，始终保持一份初心、一份热爱、一份对未知的探索精神。愿你们在面对困难时，能够坚定信念，勇往直前；在取得成绩时，能够谦虚谨慎，戒骄戒躁。愿你们都能在这场充满变数的商业旅程中，找到属于自己的破卷突围之路，实现自己的梦想，成就一番事业。

我知道，当下很多创业者正被几个典型问题困扰：陷在同行竞争的红海里找不到突破的办法；团队协作不佳导致业务卡壳；不知道如何系统化打造创始人个人 IP；找合伙人的标准和方法未理顺。这些难题我都经历过，也花了很多时间去琢磨，寻找解决办法。

创业本就是群体智慧的聚合过程。希望通过本书搭建经验共享的桥梁，结识更多怀揣理想且务实进取的同行者。或许在未来的某个节点，我们能够携手构建更具价值的商业生态。

创业维艰，然志同道合者不以山海为远。愿每位创业者都能在持续精进中实现商业理想与社会价值的双重突破。共勉之。

感　谢

　　回首本书的创作之路，恰似一场漫长而充实的旅程，各种滋味，唯有自知。从最初灵光乍现的构思，到如今终得面世，这一路走得并不轻松，好在从未孤军奋战。

　　谨此向以下人士致以诚挚谢意：黄太吉创始人暨"创业之道·毛选知道"主讲人赫畅先生、聚鲸供应链创始人比尔盖南先生、小谷姐姐创始人张可女士、超会 AI 创始人黑墙先生、洞见资本董事长杜明堂先生、企业商业模式顾问暨《引爆流量》作者姜开成先生、未来食餐饮战略咨询创始人余奕宏先生，以及绿橙、"一箱办"的诸位同仁与网红站长代表。以上排名未按特定顺序排列。